Furxer / Schafferer - Gott vs. Satan

*pyjamaguerilleros**

FSC
www.fsc.org
MIX
Papier aus verantwortungsvollen Quellen
Paper from responsible sources
FSC® C105338

Daniel Furxer /
Thomas Schafferer

Gott vs. Satan

Die größten Flops aus den Kulis, Füllfedern und Computern zweier Schreibmaschinen...

*pyjamaguerilleros**

Bibliographische Informationen der Deutschen Bibliothek
Die Deutsche Bibliothek verzeichnet diese Publikation in der Deutschen Nationalbibliographie; detaillierte bibliographische Daten sind im Internet unter htp://dnb.ddb.de abrufbar.

Gott vs. Satan. Die größten Flops aus den Kulis, Füllfedern und Computern zweier Schreibmaschinen...

Edition:
pyjamaguerilleros*
Mitterweg 115/25
A-6020 Innsbruck

Cover/Gestaltung/Satz: Kulturrebellen Productions
Herstellung: Books on Demand GmbH, Norderstedt

Nr. 3 der Reihe
pyjamaguerilleros*

ISBN 978-3-9501923-2-2

Innsbruck 2003

* Kleinverlag von Cognac & Biskotten - Dem Literaturclub mit dem Woh-Aha-Effekt - www.cobi.at

Unser Dank geht an die geliebten, geduldigen, herzensguten und großzügigen Menschen, die uns auf unserem Weg bisher begleitet haben.

Kapitel

1

Winnitu &
Julio Iglesias

Winnitu & Julio Iglesias

Marmelade [1]

Winnitu Liedbarski war ein schmächtiger Ministrant. Er hatte keine Freunde und er liebte nur eine Sache. Die jedoch dafür heiß, im wahrsten Sinne der Formulierung, nämlich Marmelade einkochen. Wenn er aus der Fabrik abends müde nach Hause kam, war sein erster Weg der in die Küche, seinem Ort der Erfüllung, seiner täglichen Befriedigung, um nicht zu sagen, sein Ort des imaginären Höhepunktes.

Was Winnitu in dieser Küche in den letzten zweiundzwanzig Jahren in Marmelade verkocht, verjammed, vermarmeladisiert hatte, war unglaublich. Von den bewusstseinserweiternden Marmeladen mit Pilzen und anderen Pflänzchen angefangen, bis hin zu den muskelaufbauenden Anabolika-Marmeladen. Er hatte noch nichts noch nicht probiert einzukochen. Selbst Stoffe, die vordergründig nicht als essbar galten, verkochte Winnitu zu Erfolg versprechenden Gemischen, wie etwa die Zahnpastamarmelade, bei der man sich das Zähneputzen danach sorglos sparen kann oder aber die Anti-Baby-Marmelade, die Kindersegen bewusst durch die Beimengung von streng geheimen Substanzen unterbindet. Auch die Deo-Marmelade hatte Winnitu im Laufe seiner Experimente entwickelt.

Seine Lieblingsmarmelade war allerdings die Marmelade gegen Höhenkrankheit, die er seiner Mutter Reinhilde widmete, die damit sämtliche Zweitausender Südtirols beschwerdefrei bestiegen hatte. Ja ja, seine Mutter, die Extrembergsteigerin, die über die Grenzen hinweg bekannt war, hatte ihm viel vorgelegt in puncto Karriere machen. Neben ihren Zweitausenderbesteigungen hatte sie immer wieder durch extreme Expeditionen für Aufsehen in der Öffentlichkeit gesorgt. 1991 war sie barfuß über den Similaungletscher per Autostopp getrampt, war 1994 trotz Reifenschaden von Wien nach Budapest im Rollstuhl gefahren oder hatte vor zwei Jahren ohne Atemmaske in nur einem Tag die größte Molkerei Vorarlbergs durchquert.

Ja, Reinhilde Mössmer war seine Mutter, die große Bergsteigerin, deren Lieblingsmarmelade nicht nur die gegen die Höhenkrankheit war, sondern auch jene Kohlsprossen-Marmelade mit Rosinen und Mandeln, die sie auch immer wieder auf ihren Abenteuerreisen dabeihatte, um montagelang ohne andere Nahrungsmittel unterwegs sein zu können. Ihrem Lebensgefährten Pierre, dem Vater Winnitus, gefiel das nicht so, wenn seine geliebte Reinhilde wieder irgendwo in der Welt Glanztaten vollbrachte und er zuhause alleine mit seinem Bierbauch Haltungsturnen praktizierte, also haltungsturnte. Ein Pierrebauch also dieser Bierbauch vom früher hypersportlich gewesenen Pierre Liedbarski.

Nicht zu verwechseln mit Pierre Littbarski, der 1,68 Meter großen Mittelfeld-Aufmischmaschine in der deutschen Fußballnationalmannschaft. Pierre Liedbarski hingegen kickte nur beim Schrebergartenverein Höttinger Au und dies auch nur bei Juxpartien gegen Hobbygärtner oder Apothekergattinnen. Aber das ist lange her und genauso lange ist es her, dass Pierre den kleinen Winnitu Liedbarski zeugte. Damals am illegalen FKK-Gelände am Inn hatte Pierre Reinhilde kennengelernt, die auf Expedition durch die Flussauen sich von Liane zu Liane schwang. Bis da plötzlich Pierre im Adamskostüm vor ihr stand bzw. dann schmerzverkrümmt hinter ihr lag. Sie hatte sich mit ihrem Überlebenswillen viel zu schnell von Liane zu Liane weitergeschwungen und hatte dabei irgendwie irgendetwas übersehen.

Halbtod lag Pierre am Boden und Reinhilde begann ihn wiederzubeleben, mit allen Mitteln. Was zwar wirklich erfolgreich war, doch auch einen kleinen Winnitu nach neun Monaten zur Folge hatte. Jener Winnitu wuchs fortan bei seinem Vater auf, denn seine Mutter war immer und immer wieder unterwegs in fremden Ländern auf der Suche nach neuen Abenteuern, die sie auch meistens fand und in Wort und Bild dokumentierte. Und so avancierte Reinhilde Mössmer zur Bestsellerautorin, da sie über ihre waghalsigen Reisen immer schöne Aufsätze schrieb, mit selbstgekritzelten Gemälden illustrierte und in Spatzenpost, Medizini oder Fix & Foxi veröffentlichte.

Ihr größter Erfolg war ganz gewiss die Entdeckung von Jedi-Ritter-Spuren in Neapel. Seitdem wird sie auch als die Entdeckerin der Jedi angesehen und in aller Welt geschätzt. Was auch Winnitu schätzte, ihm aber, wie gesagt die Latte noch höher setzte, denn mit einer Extrembergsteigerin zur Mutter und einem Haltungsturner als Vater ist es nicht einfach Fuß zu fassen in einer harten, unmenschlichen Welt.

Und so verließ Winnitu früh die Schule, brach sie ab und arbeitete ab seinem fünften Lebensjahr in der Schischuhfabrik, wo er zwar bis zu seinem dreiundfünfzigsten Lebensjahr nur unregelmäßig bezahlt wurde, dafür indes regelmäßig jede dritte Woche ein neues Paar Schischuhe geschenkt bekam, was allerdings bitter war, denn erstens wohnte Winnitu in der Po-Ebene, zweitens hatte er kein Auto, um irgendwohin zum Schifahren zu tuckern und drittens und das war noch bitterer, war Winnitu Snowboarder.

Deshalb konzentrierte er sich schon bald auf die Verscherbelung von ungebrauchten Schischuhen am Schwarzmarkt in Bangkok, was ihm immerhin Geld für die Rückflüge brachte, blöderweise nicht mehr, sondern oft sogar weniger. Und so entdeckte er eines Tages das Marmelade-Einkochen für sich. Dieses Hobby sollte zur Passion werden. Internationale Konzerne klopften bereits nach Jahrzehnten an Winnitus Tür und interessierten sich für seine spektakulären Marmelade-Rezepte.

Anfangs wurden seine Kreationen zwar noch des Öfteren nicht als Marmeladen auf den Markt gebracht, sondern etwa als Fensterputzmittel, wie bei der Ammoniak-Zitronen-Marmelade oder als Computer-Hardware-Bestandteil, wie bei der Chips-Marmelade mit frischen Bergkräutern. Später erkannte auch die Industrie den enormen volkswirtschaftlichen und gesellschaftspolitischen Nutzen von Marmeladen, was Winnitu Liedbarski in weiterer Folge einen ockerfarbenen Lancia Delta, also einen schicken Spottwagen, eine neue Freundin und unzählige Urlaube in Alles-Inklusive-Clubs rund um den ganzen Golf von Triest einbrachte.

Doch das ist eine andere Geschichte...

Julio Iglesias [2]

Busfahrt von Barcelona nach Madrid

Wir fahren gerade mit dem Bus durch die spanische Wüste nach Madrid. Wusste nicht, dass es in Spanien Wüsten gibt, weit und breit steht kein Haus, nur die Autobahn auf der unser Bus dahinrollt. Außer kleinen Büschen gibt es hier wirklich nicht viel zu sehen. Ich kämpfe gegen meine Müdigkeit an. Irgendwo hier muss ich wohl Shiva begraben haben, wenn ich nur wüsste wo, wäre ich glücklicher. Ich taufe diese Wüste Julio, die Wüste, die hier genauso einsam und öd ist, wie die Lieder des Julio Iglesias. Aber was sag ich da, so fad find ich meine spanische Wüste ja gar nicht. Wenn man genauer hinsieht, kann man vieles entdecken. Unzählige Farbabstufungen von braun, rot bis grün,hin und wieder auch mal ein kleines Dorf mit einer kleinen Kirche. Richtigen Sand gibt es hier und Wege. Ach ja, Strommasten sehe ich auch. Strommasten? Das ist doch etwas seltsam für eine Wüste. Wir sind also doch nicht so weit von der Zivilisation entfernt wie ich gedacht habe. Naja, ist halt ein neuer Typ von Wüste, die zivilisierte Wüste mit Wasser und Strom. Da sparen sie sich doch glatt die Oase, auch praktisch. Und tannenähnliche Bäume in allen Arten stehen da rum, um die beiden Fahrbahnseiten der Autobahn abzugrenzen. Ob die wohl als Christbäume herhalten müssen, in der Wüste, das weiß hier nur Gott. In Spanien, ja da sind sie ja noch wirklich religiös. Hier in Spanien nehmen sie das mit der Religion noch ziemlich ernst, das sieht man an den vielen Wüstenkirchen, die da überall stehen. Ist auch irgendwie verständlich. Zu beten gibt es hier sicher genug in der Wüste: Beten für einen Fernsehkabelanschluss, beten, dass der Briefbote auf der Anreise nicht

eines Hitzetodes verstirbt, beten auch für Tante Frieda in Madrid. Beten also, auch wenn man in der zivilisierten Wüste nicht direkt vom Verdursten bedroht ist. Wasser ist ja hier keine Mangelware, zum Glück.
Ein einsamer Hügel, der wie eine religiöse Gedenkstätte aussieht, weckt meine Aufmerksamkeit, ist aber zu schnell wieder verschwunden, als das ich mich länger mit ihm beschäftigen hätte können. Jetzt wird mir auch endlich klar, warum der Busfahrer den Western „Young Guns" im Buskino ausstrahlt. Er wollte uns schlicht und einfach auf die Wüste einstimmen. Ja der Film könnte hier gedreht worden sein.
Ich sehe einen alten Anhänger und einen Mann ganz in Gelb gekleidet, der die Abfälle neben der Autobahn aufräumt. Find ich gut, dass die Spanier ihre Wüste aufräumen. Ich bin beeindruckt vom spanischen Umweltschutz.

kurzer spruch [1]

ich finde
ich finde
ich finde
es wirklich ekelhaft
ekelhaft
dass
dass
mein konto immer so
dass mein konto immer so
überzogen reagiert

2

Zahnarzt vs. Rockstar

Zahnarzt vs. Rockstar

immer ein rockstar [1]

er wollte schon immer ein rockstar sein
der auf allen bühnen steht, mit allen frauen
schläft, die ihm zu füßen liegen um exzessiv
um ausufernd ohne grenzen zu sein, um die
welt zu sehen, mit anderen augen, ohren, sinnen
die welt zu begreifen, zu ergreifen, sich eigen
und zunutze machen, wie dies jeder andere
mensch auch machen würde, wenn er der king
der gott, der superstar wäre, werden würde
auf dieser erde...

Billy Corgans Traum [2]

Billy Corgan hat eine Traum. Still und allein in einem Beachhouse. Nur weit und breit kein Wasser. Das wird Billy Corgan, Sänger der Gruppe „Smashing Pumpkins“ eines Tages zuviel, dass vor seinem Beachhouse kein Wasser, kein Meereswasser ist und so beschließt er kurzerhand, sein Gruppe Smashing Pumpkins“ aufzulösen, in einer Salzlösung. Aus Jux und Tollerei, möchte man meinen. Dem ist aber nicht so.

Jetzt, da alle Welt den Grund weiß, weinen sie alle. Sie weinen große Salztränen von Australien bis Amerika. Und siehe da, als Billy am nächsten Tag aufwacht ist er umgeben von Wasser, richtigem Salzwasser, das in seinem Garten plätschert. So geschieht es, dass die Smashing Pumpkins noch viele weitere Lieder aufnehmen, unter anderem „tonight, tonight“ und „disarm“.

Billy Corgan bemerkt aber bald, dass er ganz und gar nichts mehr zu lachen hat, weil er all seine Träume eines Morgens verloren hat.

unter der bohrmaschine [1]

ich fahre zum zahnarzt mit dem bart, dem zahnarzt der immer so lieb „grüß gott“ sagt, während ich kopfüber festgeschnallt werde unter der bohrmaschine und sein magen gurgelt, dann heißt es einmal ruhe bewahren und tief einatmen, meint er, während er mir zwölf spritzen in den gaumen jagt, mein gesicht betäubt, von der gurgel bis zum augenlid, dann den mund ausspülen vor der großen kunstaktion, schütte mir das wasser in die ohren, weil ich die lippen nicht mehr fühlen kann, doch dann der große auftritt, ein zahnarzt, wie man weiß, ist bildhauer, bildhauer am menschen, mikrobildhauer, schlägt mit hammer und meißel kunstwerke aus brüchigem zahnstein, sägt und schleift, schafft plombenwälder, zahnskelette, die er veredelt, verziert mit gold oder silber, quecksilber, ein funkeln an allen eck- und backenzähnen, was ich vorerst nicht zu würdigen weiß, wenn ich aus der fledermausschlafposition in die harte, benommene realität torkle, um fluchtartig den sterilen raum der misshandlung, das zahnarztatelier, zu verlassen, um mit schaudern feststellen zu müssen, dass mich in zwei wochen der bärtige künstler wieder mit einer großartig choreographierten performance quälen darf

3

Katzen & Terror

Katzen & Terror

als die welt den terror sah [1]

erst als der böse mann gekommen war
erkannte er, was er angerichtet hatte, was er
wieder einmal angerichtet hatte, was er wieder
verraten, geschändet hatte und erkannte dass
es eigentlich nur einen ausweg aus dieser
misere geben konnte, für den er jedoch nicht
geboren war, dachte er, nachdem er gekommen
war, dachte er an sie, die weit fort von ihm ihn
vermisste, und er sie nicht verdiente, er, der
böse mann, am tag, als die welt den terror sah

Katze Stefan [2]

Erster Eintrag, New York 13. September 2001

Habe heute bei meinem ersten Herbstspaziergang die Katze Stefan verloren. Wer weiß, wo sie jetzt hin ist? Vielleicht ist sie ja weggelaufen, weil sie zum Islam konvertiert ist, vor nicht allzu langer Zeit. Das ist ja an sich schon eine sehr verdächtige Tat, finde ich. Oder zuletzt ist die Katze Stefan zum Coiffeur getappt, um sich den Schnurrbart stutzen zu lassen. Weil Bart auch sehr verpönt dieser Tage.
Ja vor drei Tagen lag Katze Stefan noch gemütlich auf meiner Ofenbank, schlief friedlich, spielte eine verschlafene Katze. Wer hätte vorher Böses von ihr gedacht, von Katze Stefan, so friedlich lag sie da herum. Wer konnte ahnen, dass Katze Stefan eines Morgens völlig überraschend aufspringen würde, um den Legoturm des kleinen Georg zu zerstören. Mit einem einzigen Pran-

kenhieb. Das ist jetzt zwei Tage her. Ja, hinterher sind wir alle klüger. Hätte nicht gedacht, dass Katze Stefan, berühmt geworden in der Mini Playback Show mit Lieder wie „Father and Son“ oder „Morning has broken“, zu solchen grausamen Taten fähig sein würde. Nein, das konnte wirklich niemand ahnen. Muss man in Anbetracht der Lage nicht ihr gesamtes Werk neu überdenken, ihre Texte neu interpretieren? Welcher Morgen ist hier angebrochen? Ein guter Morgen? Gewiss nicht. Vater und Sohn, stehen sie zuletzt für das jüngste Gericht? Ach, wer weiß, und Katze Stefan weiß es am wenigsten. Kann sie doch gar nicht sprechen, was für Katzen im Allgemeinen ja nichts Außergewöhnliches ist.

Zweiter Eintrag, New York, 15. September 2001

Katze Stefan ist immer noch abgängig. Habe eine Zeitungsannonce in der New York Times geschaltet, in der ich Katze Stefan bitte, heimzukehren. Er solle doch keine Angst haben, es passiere ihm nichts.

Und über die schrecklichen Lieder, die du Nächte lang auf deinem Klavier geübt hast, mit deinem Katzengesang, über das können wir doch alles nochmals reden. Das hab ich doch nicht so gemeint. Komm doch bitte zurück! Dann können wir zum katholischen Pfarrer gehen, du konvertierst wieder zum Christentum und alles ist in Butter, nicht? Vielleicht nehmen sie dich dann auch wieder bei EMI-Records, und du kannst eine neue Schallplatte aufnehmen. Material hast du jetzt ja sicher genug. Und sicher schöne Songtitel wie „ Mutter und Tochter“ oder „Ich hab letzten Abend erbrochen“. Ja, sieh es doch endlich ein, das Leben ist nicht so einfach, wie du damals gesungen hast. Von wegen „settle

down, if you want you can marry“. Nein, Mary will nichts mehr von dir wissen.
Hast du zuletzt schon zur Waffe gegriffen, Katze Stefan? Gibt es zuletzt kein Zurück mehr? „I'm old, but I'm happy“. Bist du wirklich noch glücklich?, frag ich mich. So glückkch, wie damals, als du noch bei Karl Moik gesungen hast und die Welt noch überschaubar und klein war? Ach Katze Stefan, komm doch zurück, ich vermisse dich!

Dritter Eintrag, New York, 16. September 2001

Gestern ist mir eine Katze zugelaufen. Ich bin mir nicht sicher ob es Katze Stefan ist. Sie schaut genau gleich aus, aber sie wirkt so verstört. Aber vielleicht ist das ja nur das Kriegstrauma. Werde morgen mal bei den Veteranen anrufen, bin ja immer noch Mitglied bei denen.
Manieren hat Katze Stefan, wenn sie es überhaupt ist, bekommen. Sie ist plötzlich so zahm und zutraulich, frisst mir die zerstückelte Wurst aus der Hand und putzt sich die Pfötchen, wenn sie vom Schneetreiben rein kommt, säuberlich am Fußabstreifer ab. Sie springt auch nicht mehr überall rauf und schmeißt keine Vasen mehr runter. Ob das wirklich meine Katze Stefan ist? Mich überkommen Zweifel.
Plötzlich bemerke ich ein Halsband, auf dem der ganze Text von „Father und Son“ draufsteht. Wusste ich es doch. Du konntest dir noch nie deine Liedtexte merken, Katze Stefan. Und singen konntest du auch nie. Ich beginne, mit Katze Stefan zu schimpfen, weil ich so glücklich bin, dass sie wieder da ist.
Dann fällt mir aber wieder ein, dass ich in meiner Wohnung einer Verbrecherin Herberge biete und will sofort

die New York Feuerwehr anrufen. Um den Milzbrand zu löschen. Mit dem sich Katze Stefan gewiss auch schon infiziert hat, aus Unachtsamkeit. Darum hüstelt sie auch die ganze Zeit so komisch rum. Ich beschließe, das FBI anzurufen, wenn Katze Stefan schläft, damit sie nichts bemerkt. Ich verrate Katze Stefan, wer hätte das je gedacht.

denkt nicht...[1]

denkt nicht an krieg
als mittel um eure ziele zu verwirklichen

denkt nicht an gewalt
als mittel um eure pläne durchzusetzen

denkt nicht an terror
als mittel um eure ideen zu vermitteln

denkt nicht an geld
als mittel um eure welt zu beherrschen

doch denkt an liebe
als mittel um eure gedanken zu besiegen

Neue Geschichten von Katze Stefan [2]

Vierter Eintrag, London, 14. September 2003

Katze Stefan liegt seelenruhig auf meiner Couch im Wohnzimmer. Hat sich ganz schön breit gemacht in ihrem Katzenbettchen, das Mistvieh. Ich kann es einfach nicht ausstehen, wenn meine Katze Stefan es sich so saugemütlich macht, während ich unentwegt an meinen Stapel Manuskripte im Büro, die unerledigte Arbeit einer Woche, denken muss. Belastend, unheimlich. Das können Sie mir glauben. Und das am Freitagabend, Wochenende.
Es wäre doch einfach am Besten, ich gehe mit Katze Stefan etwas raus an die frische Luft, ja spazieren. Spazieren war ich mit Katze Stefan schon lang nicht mehr. Seit dem 11.09. 2001 ist mir die Lust daran vergangen. Als Katze Stefan einfach so abgehauen ist. Aber jetzt überkommt mich wieder so ein Spazier-Flash. Doch Katze Stefan will partout nicht. Ich rüttle und schüttle an ihr. Nichts zu machen. Sie schläft tief und fest.
Und da fällt mir wieder ein: Katze Stefan hat immer noch Ausgangssperre, verhängt von der örtlichen Feuerwehr. Sie kennen ja die Geschichte, seit das mit dem Turmeinsturz passiert ist, und das mit dem Milzbrand, da sind sie alle hellhörig geworden. Die Nachbarn sind hellhörig geworden, die Polizei, auch die Feuerwehr. Alle haben sie meine Katze verdächtigt. Katze Stefan war damals in unserem Kaff sozusagen hauptverdächtigt. Zum Glück wurde sie vom örtlichen Tierschutzverein als liebe und total harmlose Katze eingestuft und freigesprochen. Aber das reichte der Politik nicht. Leider. Nach wie vor wird Katze Stefan kontrolliert. Ob bei

der Autobahnabfahrt, oder im Gasthaus. Alle schauen sie, ob ich Katze Stefan dabei habe, sie außer Lande bringen will. Oder schlicht und einfach nur unters Volk. Was für verheerende Konsequenzen hätte das. Katze Stefan könnte sich mit anderen schläfrigen Katzen unterhalten und so den nächsten Rachefeldzug gegen die zivilisierte Welt planen. Nein, das geht nicht. Katze Stefan hat Hausarrest. Und das gerade in meiner Wohnung. Ich bin wieder einmal wütend auf Katze Stefan.

Einen Pass hat sie schon lange keinen mehr. Alle Papiere hat man ihr abgenommen. Katze Stefan hat ein Lied dazu geschrieben, ein sehr trauriges: „Mother and Daughter“. Das war kurz nach dem Anschlag. Sie meinen ich hätte meine Katze vertraten?
Nein wie kommen Sie darauf? So eine gemeine Unterstellung. Ich würde Katze Stefan nie verraten. Das Idol meiner Jugend. Ich hab alle CDs von ihr gekauft, alle. Damals waren es noch LPs, ganz egal. Nein, ich gewähre keiner Verbrecherin Herberge. Meine Katze hat mit den Anschlägen auf das Welthandelszentrum nichts zu tun. Ein paar revolutionäre Lieder wie „Wild World“ hat sie zwar schon geschrieben, aber sonst? Ich bin immer noch davon überzeugt, dass meine Katze Stefan keine Schuld trifft und zu unrecht überwacht wird.

Fünfter Eintrag, London 16. September 2003

Jetzt schläft sie wieder. Seit einer Stunde.
Was sie wohl jetzt wieder im Traum ausheckt? Gesungen hat sie ja schon lange nichts mehr. Und eine Best of CD wird es wohl auch keine mehr geben. Es ist alles so öd und leer. Kein Klavierspiel mehr, nichts. Seit

meine Katze Stefan zum Islam konvertiert ist, was ja an sich schon eine sehr verdächtige Tat ist, spielt sie nur noch iranische Volkslieder. Ehrlich gesagt, meinen Geschmack trifft sie damit nicht. Katze Stefan weigert sich, Klavier zu spielen. Ich habe notdürftige ein paar Akkorde selbst gelernt, um diese unerträgliche musikalische Leere aus der Wohnung zu verscheuchen. Katze Stefan hat besser gespielt.
Ich gehe zurück und versuche, Katze Stefan zu wecken, doch plötzlich bemerke ich: Sie ist weg, verschwunden. Spurlos. Das ist jetzt das 2. Mal, dass sie so was macht.
Ich hab mich nicht getäuscht. Katze Stefan hegt neue Pläne.

Ich schalte vorsichtshalber den Fernseher ein. Vielleicht kommen ja Breaking News auf CNN. Dann wäre alles klar. Der Konnex wäre eindeutig hergestellt, und ich wüsste es endlich: Mein Katze ist eine Verbrecherin. Außer den aktuellen Börsenreports senden sie aber gar nichts. Ich schalte den Fernseher wieder aus und lege mich schlafen.

Sechster Eintrag, London, 17. September 2003

Mein New Yorker Freund Dylan hat mich heute angerufen. Er meint, er habe meine Katze Stefan in Lower Manhattan gesehen. Wie absurd. Ich habe sofort wieder aufgelegt. Auf solch fantastisch-fanatische Geschichten will ich mich gar nicht einlassen. Katze Stefan in New York? Aber da fällt mir ein: Verbrecher kehren immer wieder an den Ort ihrer Tat zurück. Wahrhaftig, sollte sich dieses uralte Prinzip etlicher Kriminalgeschichten

zuletzt bewahrheiten? Ich werde stutzig.
Ich beschließe, zum Briefkasten zu gehen, zum Elektronischen. Da liegt doch glatt ein Mail. Von Katze Stefan:

Von: Katze Stefan <katzestefan@hotmail.com>
An: writer@gmx.at
Betreff: Miau
Datum: Fri, 17 Sept. 2003 12:04:11 +0200

Hello,
I arrived safely with the plane. I met Dylan today. Call you before I take the plane...
... to fly back to Europe.

Nice to be here.
See you soon,
Cat Stevens.

Diese verfluchte Katze! Und seit wann kann sie einen Computer benutzen? Das ist ja allerdings recht seltsam für eine Katze. Mir schwant Böses.

Siebter Eintrag, 19. September 2003

Ich kann es nicht fassen. Ich bin noch immer unter Schock. Nur langsam begreife ich, was auf der Titelseite der Tageszeitung geschrieben steht. In großen Lettern. Der Sinn der einzelnen Buchstaben und Worte sickert nur langsam in mein Großhirn.
Der Präsident ist tot. Er wurde gestern Abend ermordet. Das Bild der blutüberströmten Leiche ist unter der überdimensionalen Überschrift abgebildet.

„Wie konnte das geschehen?", steht darunter geschrieben. Die Kolumnen und Kommentare sind voll mit dieser einen Frage. Insgeheim kenne ich die Antwort schon. Ich probiere mit Katze Stefan in Kontakt zu treten. Vielleicht kann ich ihr wichtige Informationen aus ihren Barthaaren herauskräuseln, Die ich dann dem FBI verkaufen werde. Doch Katze Stefan reagiert nicht auf meine dringenden Mails – high priority. Vielleicht ist Katze Stefan schon im Untergrund, abgetaucht in Washington. Vielleicht ist sie schon mit dem nächsten Flugzeug unterwegs nach Europa. Katze Stefan treibt mich in den Wahnsinn!
Komm doch wieder zu mir heim Katze Stefan, bei mir hast du es kuschelig und warm. Warum musst du immer in die Ferne schweifen, warum musst du dich auch immer ins Weltgeschehen einmischen? Komm zurück Katze Stefan, ich vermisse dein Schnurren! Und deine Barthaare.

die menscheit, das leben [1]

ihr wollt nicht
daran erinnert werden
dass die menschheit bitterböse
grausam, selbstverlogen, feige

dass das leben unendlich traurig
leblos, verloren, krank
sein kann, wenn man
den weg verlässt

4

Tirol vs. Vorarlberg

Tirol vs. Vorarlberg

ich radl auf den berg [1]

doch beVOR ich RADL BERGwärts, auf den fahrradlberg, den HOHEN, EMSig, les ich noch ein BUCH, nehme ein BAAD nach meinem gestrigen sonnenBRAND. der brennt mörderisch, hatte vergessen sonnenmilch aufzutragen, was meines körpers untre hälfte und oBRE GENZlich verschmorte. nun ja, heute muss ich dafür BÜRSen!

nach dem baden esse ich in einer EGGe meiner STUBEN, kein fleisch, keine SULZe, keine wurst aus THÜRINGEN, nichts gebackenes, will mich ja auch nicht immer nur von stRIEZL ERNähren, sondern esse eine DORNige BIRNe, welche zuvor gelagert war in meinem schRANK, WEIL obst dort länger frisch und HARD bleibt.

lese dabei aber kein buch über das dealen also kein hANDELSBUCH sondern eines über KLAUS arthur SCHOPPERNhAUer, welcher sagte:

„DAMÜLS ähm damals fREUTHE ich mich über jeden neuen tag und deswegen gehörten LECHeln und WARTHen zu MEININGEN größten tugenden, die jeden um mich herum BIZAUberten ähm BEZAUberten"

genug gelesen werfe ich das BUCH auf den BODEN, auf das BÖDELE, BÜRSte mir die haare, schwing mich auf mein fahrrad. es ist SONNTAG, HÖCHSTens fünf vor zwölf und ich trete vorbei am verlassenen bauernHOF, der STALL ist lEHR, neben dem KLÖSTERLE vor den DOREN der stadt, vorbei am gotischen BILDSTEIN neben der KIRCHe am FELD, an der FELDKIRCHe vorbei.

sicherheitshALBER SCHWENDE ich mich an einen ureinwohner, um nach dem weg zu fragen, doch er kennt sich auch nicht aus und sagt nur „fRAGG ALmut". ein anderer empfiehlt „FRAX ERNale!“. doch wer sind die beiden? und wo sind almut und erna zu finden?

sofort NÜZ Ich den moment DER Sache mittels gps auf den grund zu gehen. schalte das gerät ein, das mir zwar nicht den aufenthaltsort der beiden damen, aber dafür den weiteren weg anzeigt. dank der elektronik geht es FON TA aN ELLAgant lässig über die autobahn, um nicht den steilen, LANGEN wEGG über die landstraße nehmen zu müssen.

nach zweiundzwanzig kilometern verlasse ich den highway. möchte hinauf, aus dem tal, in die berge geLANGEN auf die herrlichen bergMÄhDER, auf den MITTELBERG, den BARTHOLOMÄBERG, den BÜRSERBERG oder auf den SCHWARZENBERG, den DÜNSERBERG, den EICHENBERG oder doch auf den RIEFENSBERG, den THÜRINGERBERG, den VIKTORSBERG oder sogar auf den SULZBERG in einen WEILER, in irgendeinen HOHEN WEILER mit solch anmutig klingenden namen wie MÖGGERS oder SCHNIFIS? oder eventuell hinein ins SILBERTAL? ZWISCHEN WASSER und berg. vielleicht in die MELLAUen, in die SCHNEPFAUen oder in die GAISSAUen, entlang des KENNELBACHs, der sich dort mit KOBLACHe,

KRUMBACH und der FUSSACHe vereint.

frag ich mich, doch bemerke nicht, dass mir schon seit geraumer zeit auf dieser bergstraße ein alemanischer dackel hinterherläuft, wie ein WOLF hURTig mir am hinterrad klebt, mich allgemein verunsichert, passe einen augenblick nicht auf und TSCHAGGUNS donnere ich gegen die LATERN Seh sterne. SCHLINS DÜNS LORÜNS RÖNS BLONS ein LAUTER krACH und SCHRUNS werde ich vom fahrrad ÜBERS AXENende geschleudert.

warum muss immer alles missLINGEN? AU mir schmerzen alle knochen, verdammt! noch nicht mal am berg, also noch im DAL als AAS lieg ich. was bald fliegen anzieht und mücken, die mich erSCHRÖCKEN. bieNEN ZINGeln mich ein, liege im GAtSCH, URNruhe befällt mich. ein horrorszenario, VAN DANS keine angst erzeugt, dann weiß ich auch nicht mehr. vor meinen augen wird es, SCHWARZ. ACH wär ich daheim geblieben. RÖTH ISt die flüssigkeit, die aus den wunden tropft. ich seh und HÖR BRaune wANZen mir BLUD ENZiehen, mir BLUD äh SCHtehlen. seh sie um ihren FRAS TANZen, sich um ihr essen schlagen, also um ihr dINNER BRAZschen. mit aller LUST, gENAU und dann seh ich sie SATT EINSchlafen.

ich bete zu ST. GALLENKIRCH und ST. GEROLD, die schutzheiligen der gestürzten radfahrer, die mir leider auch nicht weiterhelfen können. sehr erZÜRSt schrei ich die bestien an „SIe BRATenS GeFÄLLigst jemand anderen an“ und denk mir „PARTENEN bleib ich nicht länger“.

ich rapple mich auf, hab zahlreiche schrammen an meinen wangen und ein LOCH. AU! am knie. AU! gar auch arG ARG ELLENbogen abgeschürft und ich denk mir den kopf geSANKT

„ANTON du wirst ALT, ACH von einem dackel sich erschrecken lassen... bringt dich nHIT TI SAU zu fall, der bLUDE SCHwanzwackler".

wollte auf den fahrradlberg fahren, mich an der schönen aussicht erGÖTZISn, aber so fahr ich lieber wieder heim, zurück nach GÖFIS, weils dort auch ganz schön, schö is...

Das war Innsbruck [2]

Ein 6-Jahres-Rückblick zum Jahreswechsel

Es hat ja alles so gut begonnen. Matura geschafft, mit einem Einser in Religion maturiert (Prüfungsfrage: War Johannes wirklich beim Atomkrieg dabei oder warum weiß er so viel über die Apokalypse?), Maturareise lebend überstanden. Also wie gesagt, ich komme heil in Innsbruck an, doch dann:

7. Oktober 1996: Nach dem ersten Unifest meinen Namen und die Adresse des Studentenheims vergessen - das erste Mal unter der Unibrücke übernachtet.

24. Dezember 1996: Zug nach Vorarlberg verpasst - Weihnachten allein mit den Sandlern am Marktplatz verbracht - erster Schluck aus einer Strohrum-Flasche. Weitere folgten. Danach bis zum 6. Jänner 1997 nicht

mehr ansprechbar.

1. Mai 1998: Im Schwarzen Block der Innsbrucker Maidemo mitmarschiert und laut „Ho Ho Ho Tsche Ming" geschrieen. Von der Polizei verhaftet worden - eine Nacht Gefängnis durchgestanden, weil kein Geld für die Kaution über 200 Schilling.

Was danach geschah: Ich hab das Studium gewechselt und mich ernsthaft mit Politikwissenschaft auseinandergesetzt. Das Impeachment-Verfahren (auf Deutsch: den Pfirsichprozess) theoretisch und praktisch nachvollzogen. Nie wieder habe ich danach eine Havanna geraucht oder sonst irgendetwas damit gemacht. Ich wollte damals noch Politiker werden und so mein Image nicht gefährden. Übrigens auch kein Geld für eine original Schenkel gerollte Havanna gehabt.

25. März 2001: In die Schießerei beim Banküberfall auf die Hypo auf tragische Weise verwickelt gewesen. Ich war der, der das Fluchtauto gelenkt hat. Immer diese blöden Teilzeit-Studentenjobs. 2 Jahre Haft. Während dessen an der Fernuniversität Hagen weiterstudiert. „Mein Kampf" gelesen. Unverhofft zu Reichtum gekommen, alles aber an einem Abend im Innsbrucker Spielcasino auf die Zahl 9 gesetzt und verloren.

Bin zwei Monate später von der Fernuniversität Hagen wegen zu vieler Fehlstunden exmatrikuliert worden. Habe daraufhin das Studium der Politikwissenschaft an der Geiwi Innsbruck wieder aufgenommen. Im November 2002 sang und klanglos sponsioniert. Vater muss jetzt nicht mehr länger Sponsor sein.

Vor lauter Lebensfrust einen Attentatsversuch auf den Stadtturm verübt. Bin mit dem Rad dagegen gefahren. Ein bisschen Mörtel hat sich daraufhin vom Verputz gelöst. Sonst ist nichts passiert. Nicht einmal in „Tirol Heute“ haben sie einen Beitrag darüber gezeigt.

Daraufhin bei der Innsbrucker Literatur-Boygroup „Die Schreibmaschinen“ angeheuert und immer noch dort als Biskottenesser und Cognacvernichter angestellt. Weiterer Lebensweg noch nicht geklärt.

herbst in tirol [1]

wenn im land die wespen surren und die ersten
blätter fallen, dann wird es herbst, auch wenn
gerade august ist und ein sommer noch nicht
einmal begonnen hat, doch man sich selbst schon
gedanklich auf die neue zeit einstellt, die jedes jahr
im september oder oktober beginnt, dann wenn der
geruch von frischen schulheften durch das land zieht
und die federpennale mit neuen filzstiften bestückt
werden, dann wenn die urlauber das land verlassen
und die einheimischen aus dem urlaub
zurückkehren, dann wenn bewerbungen geschrieben
und gespräche darüber geführt werden, dann wenn
eine warme harmonische zeit beginnt, die die
wehmut wie einen rucksack auf dem rücken trägt
und wenn man sagen kann, dass der winter naht
dann wird es herbst im land tirol

kar i ka tour![1]

auf das hafelekar mach ich keine tour
auf das kar mach ich ka tour
auf das kar mach i ka tour
kar i ka tour!

Und so,[2]

Hat jeder seinen Lieblingsgedanken.
Ich den nach roten Kirschen
Im Sommer
Auf einem Baum in
Vorarlberg.

Und so hat jeder einen Kindheitswunsch
Ich z. B. den
Astronaut zu sein,
Damit ich meine Gedichte ins Weltall mitnehmen kann,
Wo alle noch unverbraucht sind.

Und so
Hat jeder einen Traum
Ich den
Am Morgen aufzuwachen und mit dir
Einen Kaffee in der Mittagssonne von Florenz
Zu trinken.

5

Wüstenpferd vs. Diskomücken

Wüstenpferd vs. Diskomücken

Die Giraffe, süß und sauer [2]

Die Giraffe, die war wirklich geil. Auf die andere Giraffe. Und den Kindern ist das auch nicht verborgen geblieben. "Schau mal was für ein großes Spatzl die hat", haben sie geschrieen. Das war den Eltern etwas peinlich. Wir hingegen konnten uns kaum halten vor lauter lachen. Judith und mich amüsierte dieses Spektakel. Kein Wunder, selten haben wir zuvor gemeinsam eine solche Romanze, in fast freier Wildbahn, erlebt. Die geile, männliche Giraffe versuchte nämlich andauernd, das Weiblichen zu bespringen, um sie dann heftig begatten zu können. Nur soweit kam es nicht. Das Weibchen rannte quer durch das Gehege und entfloh dem Lüstling bei jedem seiner Angriffe. Judith umarmte mich und hatte fast ein bisschen Mitleid mit Herrn Giraffe. „Jetzt tu doch nicht so", warf ich ein, „ihr macht das ja meistens genau gleich. Na, vielleicht etwas gefinkelter, aber im Prinzip..." Bevor ich meine Ausführungen zu Ende bringen konnte, küsste sie mich. Eine ganze Viertelstunde dauerte das wilde Treiben, dann gab Herr Giraffe, dessen Name ich auf der Tafel nicht entziffern konnte, auf. Na bitte, so eine schöne Studie der Natur bekommt man ja nicht mal in „Universum" zu sehen. Nahaufnahme, live, und alles ganz ohne Schnitt. Der Besuch hatte sich schon nach der ersten Viertelstunde ausgezahlt. Dass wir das Giraffengehege gleich am Anfang angesteuert hatten, stellte sich als wahrer Glücksgriff heraus. Die Eltern waren mittlerweile mit ihren aufmerksamen Kindern verschwunden, wir wandten uns auch in Richtung Elefanten, weil sie ja der eigentliche Grund unseres Besuchs waren.

Judith. Bevor ich nach Wien gekommen bin, dachte ich überhaupt nicht mehr an sie. Sie war verschwunden aus

meinem Gedächtnis, wie die viele anderen auch. Party, küssen, durchgemacht zu zweit, flüchtiges Verabschieden, und dann zwei Wochen nicht mehr gesehen.
Ja, ich wusste von Anfang an, dass sie nach Wien gehen würde, schon an diesem Abend. Es hat sich nur so gefügt. Zuerst ich betrunken, vom blöden Trivial-Pursuit Trinkspiel, dann geschlafen, aufgewacht und bemerkt, dass ich nur noch unter sehr wenig Gästen weilte, um drei Uhr morgens. Dann der betrunkene Amerikaner, der sich auf die Party verirrt hatte, und nun völlig genial in zwei Minuten den ganzen Abend zusammenfassend freestyle rappte. Ich war beeindruckt. Plötzlich Musik aus meiner Jugendzeit, ich sitze auf der Bank. Judith, die ich nur flüchtig kenne neben mir. Wir wechseln ein paar Worte, dann spüre ich schon ihre Hand an meiner, ich sage noch: Alice in Chains, die haben wir früher auch oft gehört, vor allem Ruster. Dann küssten wir uns schon. Sweat and sour. Wie Vanille im vangoghschen Himmel, unsere Liebe. Typischerweise war der besoffene Amerikaner mittlerweile auf dem Bett von Judith eingeschlafen, und wir... wir hatten kein Bett zum Schlafen. Das war wohl der allerletzte Grund, diese Nacht durchzumachen. Ich war als einziger Gast geblieben, neben dem Amerikaner natürlich. Leise war es plötzlich im Haus, auch die Musik war aus. Party vorbei sozusagen. Wir die einzigen, die noch wach waren.
Und dann hinaus in den Morgen, der schon langsam anbrach. Ich erklärte völlig liebestrunken die Aufgaben des Biotops vor ihrem Haus, und warum das Wasser noch gefroren war, blieb ein Rätsel. Wir schauten auf die Stadt hinunter. Und drehten uns im Kreis bis uns schwindlig wurde.
Dann der Abschied, kurz ciao.
Ich war noch nicht müde. Im Bus überlegte ich, ob ich

schlafen gehen sollte, völlig sinnlos, um acht Uhr morgens, oder mit dem Bus durch die halbe Stadt fahren. Ich stieg dann doch bei der Klinik aus. Auf der Uni traf ich noch einen Bekannten, mit dem ich ein paar Worte wechselte. Automatenkaffee. Das war hundert zu eins im Vergleich zum italienischen Kaffee, den mir Judith gemacht hatte, bevor ich ging.

Kaffeeküsse und unausgesprochenes Einverständnis.

Jetzt stand ich in Wien, und wollte mich mit ihr treffen. Bald würden wir Dr. Pilz und Mag. Märzen in der Unibrauerei durcheinander trinken, nein sie trank weißsauer, ich trank süßliches grünes Bier. Natürlich gute Ausrede, kalt war es und ich hielt fast wie selbstverständlich ihre Hand.

Hand in Hand gingen wir nach Hause, ließen uns von der Rochusgang beschimpfen, auch egal. Ich zu mir. Morgen Mumok. Ja Mumok war gut morgen, die eine Ausstellung von der einen Japanerin. Die wollte sie auch schon lange sehen. Warum wir dann zwei Tage später wieder durchgemacht haben, weiß ich auch nicht. Da war diesmal kein Amerikaner schuld, italienischer Kaffee, tiefschwarz vielleicht.

Mythische Wiederholungen.

Der Schönbrunner Tierpark wurde so eine Wiederholung. So ein geflügeltes Wort. Ja im Schönbrunner Tierpark tierparken sie in Schönbrunn. Das Spiel mit der Eintrittskarte. Da war das Affenbaby drauf, das dann für die nächsten zwei Wochen bei sämtlichen Kollegen für den Running-Gag des Jahrhunderts herhalten musste. „Das ist meine neue Freundin." Ich zeigte ihnen die Eintrittskarte mit dem Giraffenbaby. Die Lacher hielten sich in Grenzen. Meine neue Freundin, war sie es den überhaupt, nach vier Tagen Wien und zwei durchgemachten Nächten, sah anders aus. „It's fix now?" frag-

te Mike die ganze Zeit. „Was denn?“ fragte ich ahnungslos zurück. „Ja das mit deiner Wienerin.“ „Das ist keine Wienerin, sie kommt aus Tirol.“ Aha. „Was aber nicht erklärt ob es fix now ist?“ Betonung auf now. „Das kann man so nicht sagen, das ist keine konventionelle Beziehung“ formulierte ich etwas umständlich vor mich hin. „Also doch fix“ jetzt war er zufrieden und hatte seine Antwort. Details ersparte ich ihm, wollte er aber am gemeinsamen Mensaessenstisch sowieso nicht hören. Auch gut. Ich hatte nämlich keine Lust, meine ich-weiß-nicht-was-das-für-eine-Liebe-ist vor allen auszubreiten. Wieso aber überhaupt die Art der Liebe bestimmen müssen, wenn man weiß, es ist Liebe?
Nach der Giraffennummer kauften wir uns ein Eis. Nein, ich kaufte mir eines, sie sah mich ungläubig an, im März Eis? Ja, warum nicht. Am Abend standesgemäß etwas Kultur, Gilgamesch war in Planung. Durch widrige Umstände kam es jedoch nicht so weit. Auch egal, sahen wir uns eben die Sterne an. Die schienen hell am Nachthimmel. Was hat dich bloß so ruiniert? frage ich den neben mir, in Gedanken. Dieses mein Lieblingslied spielten sie auch noch, so am Ende des Sets.
Und ich überlegte mir, wie lange ich schon kein Mädchen mehr im Arm gehalten hatte, auf einem so genialen Konzert, überhaupt auf irgendeinem Konzert. Mir viel spontan keines ein. Ich konzentrierte mich die ganze Zeit auf ihr Drachen T-Shirt, ungeheuer sexy. Und dann wieder auf die Bühne.
Sie fragte mich nicht viel. Fragte mich nicht über uns aus. Wien, ein Viertagesausflug, ein Ausflug zu geilen Giraffe, zu kroatischen Tanzbars, und allerhand anderer Lustbarkeiten. Ihre Kaffeezunge war das einzige, an das ich mich nach 6 Stunden Heimreise noch erinnern konnte. Sweet and sour. Und an das Zimmer ihrer Woh-

nungskollegin, die gerade nicht da war und das ich so ausgiebig betrachten konnte. Sie arbeitet als Kassierin bei einem Kleinkunsttheater, so nebenher. Judith studiert. Italienisch, Französisch und Russisch. Wir küssten Giraffen, und wollten immer mehr. So nach dem Mehr-Prinzip. Sie wollte immer mehr. Und Italien, ich musste mit in den italienischen Film, der zum Glück synchronisiert war. Nein, nicht diese typische Meer-Liebe-Trennung Schnulze, obwohl... Hätte super gepasst, vielmehr aber einfühlsam, weich, italienisch. Der Schluss war dann Scheiße, so Happy End eben, ich weiß nicht wie Filme sonst ausgehen könnten. Meine Filme gehen immer so aus. Und wo landen alle meine Protagonisten? In Venedig. Im Meer. Frönen der Sonne, ein bisschen gondeln, und Stadt der Liebe, Liebesgrüße aus Moskau. Ist das ein Meer-Prinzip? Dass sich alle italienischen Verliebten im Meer küssen? In Remo, und in Caorle und in Palermo und in Rimini. Und in Venedig. Schönes Ende, wirklich. Mir hat der Film gefallen, sage ich zu Judith, sie nimmt es so hin. Sie ist der große Italienfan. Trotzdem ist sie nach Wien gegangen. Und hat mir dort in einem Irish Pub von Rom erzählt, von ihrem ERASMUS Aufenthalt. Uni mies, und fast nie dort gewesen, sonst aber viel von der Stadt gesehen, nein nicht viele Römer, nicht immer diese Klischees, hör doch bitte mit diesen Klischees auf. Sie war leicht gereizt.

Immer wieder die Giraffe. Ich mach dir die Giraffe. Nur, was für Laute geben die von sich? Gerade gestern hab ich ein Giraffenbaby auf dem Titelblatt eines Tiermagazins gesehen, als ich in der Warteschlange eines Supermarkts stand. Das Kleine hatte einen großen Kopf, und irgendwie noch einen etwas sehr kurzen Hals. Die Proportionen stimmten ganz und gar nicht.

Sie flüsterte mir immer Dinge ins Ohr. Über sich und

ihre Giraffen. So nannte ich sie jetzt. Judith, was macht sie jetzt? Ab und zu und auf und ab ein Anruf, ein Mail, ich weiß nur, dass sie sich in Wien auf einer Wiese, nicht weit von unserem See, herumtreibt.

diskomücken [1]

an den wänden der diskothek mücken, warten auf
das blut der besucher, der heißen tänzerinnen,
sind alkoholikermücken, leben hier, trinken gratis
in der disko, lauern und saugen, schauen den
affen beim toben zu, trinken cocktails, bier, wein,
was gerade daherschwimmt im blut wird vernascht,
leckere dinge, in sommernächten am meer, in der
diskothek die diskomücken

amphibium [1]

ein frosch ist ein amphibium
und jeder sagt: frösche sind dumm
nein, dem ist nicht so
denn frösche sind besti-en
und sie haben das „lässig-gen"
sie haben den flow
sie sind fesch, cool und jung
nein, frösche sind nicht dumm
frösche sind die alleskönner
frösche sind die mega-seller
leider nur in frankreich
serviert auf dem teller

Kamel [2]

Anruf
Des Tigers
Des Großen

Bär freut sich
Sehr
Viele Schneeblumen
Malt er
An dein
Fenster

Walzer für
Verliebte
getanzt
Das Radio
Irrlicht
Das auf der Bühne
„Fick das System"
singt
Giraffen
Wohin das Kullerauge
reicht

Shiva, mein Wüstenpferd [2]

Ich machte eine Reise durch die Wüste Sahara. Nichts deutete darauf hin, dass dies eine Reise zu mir selbst werden würde. In meine eigene Wüste. Damals befand ich mich in Kaschmir, in Begleitung einiger Wüstenmänner, doch diesmal war ich auf mich allein gestellt. Mein

Wüstenkamel war reichlich beladen mit allen Lebensmittel, die man zum Überleben braucht, vor allem aber mit Wasser. Am vierten Tag meiner Reise, ich hatte gerade eine große Düne überquert, vernahm ich zum ersten Mal seltsame Geräusche, vielleicht war es das Graben eines Wüstentieres im Sand, vielleicht aber auch nur meine eigene Ermüdung, die zu mir sprach. Indianer gab es hier keine, nicht wie vor zwei Jahren. Ich hatte also keine Gefahr von außen zu befürchten. Die Indianer waren vielmehr in meinem Kopf, wie mir schien, sie holten die Pfeile aus ihren Köchern, spannten sie auf ihre Bögen... doch sie schossen nicht. Stumpfe Waffen. Ich stieg von meinem Kamel ab, Shiva nannte ich es liebevoll, als es noch am Leben war. Das arme Tier war schon nach dem vierten Tag so erschöpft, dass ich befürchten musste, dass es die erste Woche nicht überleben würde. Dieses Kamel schien mir kein Kamel zu sein, eher ein Pferd, doch als ich es erstand, bemerkte ich diesen Umstand noch nicht. Erst ein Traum offenbarte mir dieses Geheimnis. Ich stellte mich darauf ein, bald zu Fuß zu gehen, mit samt dem Gepäck. Das bereitet mir eine schlaflose Nacht, über dem sternenklaren, klirrend kaltem Himmel der Sahara. In dieser Nacht sah ich zum ersten Mal den Stern des Südens. Kurz bevor der Morgen anbrach schlief ich ein. Als ich erwachte stach die Sonne vom Himmel und verbrannte mir fast meine Haut. Mein Kamel oder Pferd Shiva lag tot neben mir. Ich versuchte ein Loch zu graben, was mir aber nicht gelang, weil es zu anstrengend war. Außerdem war der Sand viel zu heiß. Ich lies also Shiva liegen und zeichnete ein großes Kreuz in den Sand. Es war schon 3 Uhr Nachmittags.
Dünen, Dünen, Dünen...
Plötzlich noch eine Düne, eine andere diesmal, anders

gestaltet in Farbe und Form, roter Sand, pyramidenförmig. Ich hielt inne. Kurz darauf hörte ich wieder die Stimmen.
Mein totes Pferd Shiva sprach zu mir. Zumindest in meinen Träumen war es ein Pferd.
Pferd, Pferd, ich reite auf einem Pferd durch den heißen Wüstensand und denke an dich, an deine Abgeschiedenheit und Weisheit, hinter den Dünen der Zwietracht und der Übereinkunft sehe ich dich lächeln, du lächelst mich an, willst zu mir, zu mir nach Hause an keinen anderen Ort. Auf Irrwegen führe ich dich dorthin, du scheinst jeden Umweg in Kauf zu nehmen. Plötzlich bist du so mild, verzeihst mir jeden Fehltritt, auch wenn ich deine Katzen, die du mir anbietest, nicht haben will, bist du immer noch mild und lächelst mir zu. Von der Ferne, dann wieder ganz nah, du schmiegst dich mit deinen Wangen an mein Gesicht, gibst mir einen zarten Kuss auf den Mund, alles nur zum Spaß, mein Auge hört auf zu zwinkern, ist nun ganz ruhig und lauscht deinen Ausführungen, wenn du mir deine Geschichten ins Ohr flüsterst.

Ich wiege dich in den Schlaf, wenn du nicht mehr weiter kannst und wie ein gebrechliches kleines Geschöpf in meine Arme fällst. Ich wecke dich, wenn es wieder Zeit ist, aufzuwachen und weiterzugehen. Der Sand macht uns nichts aus, auch wenn wir barfuß sind, du stöhnst und wehklagst nicht, du nimmst das alles geduldig hin und ich versteh es kaum. Wenn du mir nette Dinge sagst, oder mich einfach nur so herzlich anschaust wie jetzt, wird mir ganz warm ums Herz und ich vergesse alles andere, was mich vorher noch so schwer belastet hat. Warum mach ich mir immer so viele sorgen an deiner Seite? Du scheinst die Dinge leichter zu nehmen, hast immer eine Lösung parat. Und wenn ich einsam bin, kommst du zu mir und tröstet mich, wiegst mich in den Schlaf, in meinen Träumen.

Ich setzte meine Reise fort. Ich hatte keine Karte mitgenommen auf meine Reise, das stellte sich jetzt als große Nachlässigkeit heraus. Allein einen Kompass besaß ich. Ich ging in Richtung Norden. Irgendwann musste ich ja dann ans Meer kommen. Zu den Krabben, und zu den Katzenhaifischen. Bis dahin blieb ich geduldig und lies das Meer in Gedanken in meinem Kopf Ebbe und Flut spielen. Bevor ich einschlief, glaubte ich, das Meer zu hören, und es hörte sich an wie die Muschel, die du mir damals geschenkt hast.

6

Unterhosen vs. Kaffeebohnen

Unterhosen vs. Kaffeebohnen

America, California, Santa Cruz [2]

Sie wäre ja sonst schon mitgekommen, zu mir ins Zimmer. Naja, aber nach dem Kinofilm hab ich den Fehler gemacht vor ihr eine Zigarette zu rauchen. Sie hasst ja rauchen und so. Auf jeden Fall wollte sie mich dann nicht mehr küssen und auch sonst nichts mehr und ging in ihre Wohnung. Heimbegleitet hab ich sie natürlich schon, wenn man es so nennen kann. Wir hatten ja den gleichen Heimweg.
Das nächste Mal ist sie gleich zu mir gekommen, hat gewartet vor meiner Zimmertür, ich weiß nicht wie lange, ich vermute aber -lange. Sie hatte alles dabei, einen Whisky zum Trinken, zum Mut antrinken wie sie mir später sagte, sonst hätte sie vielleicht nicht das Oberteil ausgezogen, Karten zum Spielen und ihre CD-Sammlung hatte sie auch dabei. Am Anfang war mir das ja gar nicht recht. Sie kommt da einfach, will mein Zimmer belagern, länger bleiben, Karten spielen. Wegschicken wollte ich sie auch nicht. Nein, sie war schon ganz nett. Aber wir kannten uns doch gar nicht richtig. Naja, sie machte mal den richtigen Schritt in die richtige Richtung. Nämlich den über die Schwelle zu mir in mein bescheidenes Zimmer. Die Wollsocken, die mir meine Oma gestrickt hatte, gefielen ihr auf Anhieb. Erst sehr viel später begriff ich, warum sie mir am nächsten Tag ein paar Socken schenkte.
Wenn ich ihre Socken anhabe, muss ich immer daran denken. Ja eben die gestrickten Socken meiner Oma, vielleicht hatte sie keine Oma, die ihr Socken strickte. Mir haben die Socken nie richtig viel bedeutet, sie bewunderte sie. Wie schön sie gestrickt seien. Ich fragte sie ob sie auch stricken kann. Nein, könne sie nicht. Sie wollte unbedingt, dass ich die Weihnachtsbeleuch-

tung anschalte, die ich immer noch an meinem Regal hängen hatte, obwohl schon Mai war. Es ist so romantisch, sagte sie. Dann erzählte sie mir von ihr und vom Strand in Santa Cruz. Den gleichen Strand sah ich wieder, als sie mir gestern ein Mail geschrieben hatte, in dem sie mir beschrieb, wie sie am Strand mit ihrem Fahrrad rumgefahren ist. Es wird vielleicht nie wieder so ruhig und friedlich hier sein, wie heute, so ganz ohne Flugzeuge, hat sie mir geschrieben. Vielleicht hat sie Recht. Meine Unterhose, Boxershorts, zog sie sich zum Schlafen an, weil ihr kalt war, ja. Ein bisschen eng war's schon aber ich genoss ihre Nähe, neben ihr einzuschlafen. Zum Glück fragte sie mich am Schluss nicht: Denkst du auch mal an mich?
Nick Cave Lyrics erklärte sie mir, und er singt bei einem Lied genau das Gegenteil von dem, was ich vermutet habe. No more shell we part. Die Boxershorts hat sie am nächsten Morgen gleich angelassen und zum Waschen mitgenommen. Zuerst wollte ich in meinem kindlichen Besitzgefühl die Boxershorts gar nicht hergeben, wie ein kleines Kind. Sie hat sie sich dann fast ohne Erlaubnis mitgenommen. Erst später bin ich draufgekommen, dass sie Boxershorts sehr sexy findet und gerne trägt, vor allem meine. Verkehrt nur. Weil sie ja hinten mehr Platz braucht als vorne, also genau umgekehrt. Ja 'ne perfekte Sache, so 'ne Boxershort.
Nein, geschlafen haben wir nicht miteinander, weil sie, sehr religiös eingestellt, nicht wollte, nicht vor 4 Monaten war ihre klare Antwort. Was also nie heißen würde, da ich ja schon nächsten Monat nach Hause fahren würde.
Wir haben über Sex gesprochen, über das erste Mal und so, sind zusammengekuschelt, beide auf dem Bauch liegend, und da hatte ich endlich mal das Gefühl,

dass doch noch was stimmte an dem verdammten Skiurlaub. Ja, das war ganz am Anfang gewesen. Sie ist dann schon früher gegangen, ich hab sie noch zum Bus gebracht und wir haben zum Frühstück einen Kaffee getrunken in einer der Schneebars. Das war ganz am Anfang. Dann waren wir ein zweimal im Kino. „Die fabelhafte Welt der Amélie“ haben wir auch angeschaut. Und sie war erstaunt, wie laut ich lachen kann. Ja sie aber auch. Und gerülpst hat sie. Ziemlich oft, beim Essen und am Abend wenn wir ausgingen etwas trinken.
Das war schon etwas seltsam. Aber naja. Ich hab ihr auch scherzhaft verziehen, das sie andauernd sagte, du ihr Österreicher, ihr stinkt. Wieso? Nein, meine Handschrift, genau die, und alles andere, was sie nicht an mir leiden konnte.
Und dann hat sie mir diese weißen Socken geschenkt, von denen ich heute weiß, dass sie die mit Liebe ausgesucht und mir geschenkt hat. Die Boxershort hätte ich ihr schenken sollen, die hat ihr so gut gefallen. Aber was soll's. Hab ihr dafür Gedichte auf Deutsch geschickt und erfahren, dass sie einen Deutschkurs besucht. Ihre Vorfahren kommen aus Deutschland, darum hat sie diesen typisch deutschen und völlig unamerikanischen Nachnahmen.
Ja und dann hat sie mich angerufen, ich war in meinem Zimmer und hab gelesen, und das kam dann alles so überraschend, weil mich noch nie einfach so eine Frau angerufen hat und mich gefragt hat, ob sie doch mal schnell bei mir vorbeikommen kann. Mit CD-Sammlung und Karten zum Spielen.

Kaffeebohnen & Migräne [1]

Am späten Nachmittag kurz vor dem Nikolausabend 2002 telefonierte Christiane Bäurer noch ganz schnell mit sechs, sieben ihrer besten Freundinnen und Freunde und dann hatte sie es geschafft. Für jenen Abend im ehemaligen Salzabbaustädtchen Hall, weitab vom Schuss, mitten in der Pampa, hatte sich die 43jährige Literaturfälscherin etwas ganz Besonderes einfallen lassen. Ihr neuestes Fälscherwerk sollte in einem kleinen, kulturell unglaublich pulsierenden, brodelnden Café namens Vulcano präsentiert werden.

Roberto, Jo, Heinzi, Magda, Petra, Toni, Mecki und Helli hatten ihr sofort zugesagt, an diesem Abend in verteilten, fiktiven Rollen aus Christianes soeben publiziertem Werk vorzulesen. Natürlich für eine saftige Gage, denn sie bezahlte ihre Vortragenden mit Bier, was die ganze Bagage zu schätzen und zu trinken wusste. Christiane, zu der alle Greti sagten, was auch ihr Künstlername im Laufe der Jahre geworden war, also Christiane Greti Bäurer hatte in ihrem Leben bereits viel gemacht, doch nur wenig erreicht.

Angefangen vom Kindergartenabbruch, bis dann zum viel viel später nachgeholten Fernkindergartenabschluss, dazwischen eine Konditorinnen-Ausbildung, wo Greti Konditorinnen ausbildete, ohne davon selbst nur einen blassen Schimmer zu haben. Was allerdings niemandem auffiel, nicht einmal in solchen Momenten, wo sie statt Süßspeisen Spinatknödel zubereiten ließ.

Nach dem freiwilligen Ausstieg kam die jahrelange Abhängigkeit von der Nadel, das An-der-Nadel-hängen, an der Stricknadel wohlgemerkt, denn Christiane Greti Bäurer zauberte mit ihren gefühlvollen Händen wundersame Teppiche, Pullover, Hängematten und Nasenschoner aus der noch direkt am Schaf wachsenden Wolle. Absolut frisch gestrickte Produkte waren ihr Qualitätsmerkmal Nummero Eins. Zwar gefiel das den Schafen nicht so, wenn sie mit kunterbunten Norwegerpullis am Körper durch den Innenhof des Blocks in der Schilehrerstraße stapften, wo die hundertköpfige Herde gemeinsam mit Greti in einer WG wohnte. Aber Gretis Kunden und Kundinnen wussten diese Authentizität zu schätzen. Die Wollkünstlerin signierte ihre Woll-Werke persönlich und zwar mit „Greti", was ihr große Anerkennung und zigtausende von Dollars auf ihr Übersee-Konto in Reutte einbrachte.

In ihrer Freizeit versuchte sie sich anfangs als Hobby-Gärtnerin, pflanzte hektarweise Kaffeeplantagen im Innenhof der Schilehrerstraße, neben den engen Legebatterien ihrer Schafe. Schon früh konnte sie sich über ihre eigene Kaffeekreation, die „Gretis feine Mischung" hieß, freuen. Das braune Gesöff, das sie geschaffen hatte, war zwar alles andere als fein, sondern eher eine derbe, dunkle Suppe, die nach Enzianwurzeln und Speck stank, verkaufte sich dennoch gut. Die Gründe blieben umstritten, Greti war davon überzeugt, dass ihr Konterfei, das jede der rosaroten „Gretis feine Mischung"-Packungen zierte, für den Verkaufserfolg ausschlaggebend war. Ihre Freunde hingegen behaupteten, dass jene sieben- bis neunblättrigen Unkräuter, die Greti bei der Ernte der Kaffeebohnen versehentlich mitgeerntet und mitverarbeitet hatte, den Ausschlag gegeben hätten, dass „Gretis feine Mischung" vor allem von der jungen Szene gern gekauft wurde...

Nach diesem wenige Jahrzehnte dauernden Ausflug als Hobby-Gärtnerin wurde Greti kurzzeitig zur Hobby-Indianerin und schlich in den unendlichen Weiten der Prärie des Haller Gewerbegebietes umher. Sie nannte sich „die neben dem Metro wohnt", legte Fallen, lebte in ihrem Wigwam an der Haller Straße und rauchte Friedenspfeife.

Später wiederum versuchte sie sich als Hobby-Akademikerin, las jeden nur erdenklichen wissenschaftlichen Schund, den sie finden konnte, besuchte Lehrveranstaltungen auf äußerst dubiosen Privatunis im Zillertal und dissertierte in Politikwissenschaft, indem sie vor einem gelehrten „Gärtner" stundenlang „pallaverte".

Beruflich hatte sich Frau Doktor Christiane Greti Bäurer immer mehr dem Intellektuellen zugewandt. Sie ließ das Stricken und begann zu schreiben. Sie begann abzuschreiben. Von Rilke bis Simmel, von Adorno bis Pilcher, Greti schrieb Passagen aus deren Werken um, erfand Neues und ließ jene Texte als neu entdeckte, unveröffentlichte Manuskripte über Mittelsmänner und -frauen an die Öffentlichkeit gelangen und publizieren. Millionenbeträge trudelten auf ihrem Konto ein und nach etlichen Jahren konnte sich die Literaturfälscherin ein Leben in Saus und Braus und ein Gangrad von Puch leisten.

Jedoch gefiel es Greti nicht, nur im Hintergrund zu stehen und nicht selbst im Rampenlicht als großer Star gefeiert zu werden, deshalb ging Christiane Greti Bäurer einen Schritt weiter und schuf ein literarisches Werk, mit dem sie den endgültigen Durchbruch schaffen sollte. Als sie mit Durchfall am Morgen des 25. Februar 1981 auf ihrer rosaroten Toilettenschüsselbrille saß, hatte sie den entscheidenden Einfall. „Ich mache einen Kalender! Einen literarischen Kalender, wo ich scheinbar Promi-Autoren veröffentliche, deren Texte ich aber selbst schreibe...", gedacht, gemacht. Seitdem veröffentlichte Greti Jahr für Jahr ihren Kalender, den „Greti-Kalender", unter großer Anteilnahme von Seiten der breiten Öffentlichkeit.

Sie stellte ihren „Greti-Kalender" von Jahr zu Jahr immer unter ein anderes Motto, wie etwa „Kaffeebohnen & Migräne", „Wüstenfuchs & Hyäne" oder „Schaukelstuhl & Lehne". Bei den Präsentationen verkleideten sich ihre besten Freunde und Freundinnen unter anderem als Felix Mitterer, Karl May, Hugo von Hofmannsthal oder Rainer Werner Fassbinder und lasen aus ihren Werken. Das Medienecho war enorm, dennoch flaute es nach den ersten fünfzehn Kalendern ab. Deshalb musste Greti zu radikaleren Mitteln greifen, um in der Öffentlichkeit wahrgenommen zu werden und so entschloss sie sich einen Porno-Pin-up-Nacktkalender zu veröffentlichen.

Jener sollte also am Nikolausabend 2002 im Kulturcafé Vulcano präsentiert werden. Eigentlich lief alles glatt, Greti führte durch das Programm, nach und nach traten Freunde von Greti als berühmte Schriftsteller und -innen auf, unter anderem als Heinz D. Heisl, Ingeborg Bachmann, Elias Schneitter oder Dieter Bohlen. Das Publikum johlte, jodelte und feierte die vermeintliche Prominenz, die da auf der Bühne die Hüllen fallen ließ und geschmacklose, nicht jugendfreie Porno-Gstanzln deklamierte.

Der Abend wurde ein durchschlagender Erfolg, jedoch endete er mit dem schwärzesten Augenblick im Leben von Christiane Greti Bäurer, nämlich ihrer Festnahme durch die Staatspolizei. Diese hatte schon seit Monaten die gewissenlose Literaturfälscherin im Visier. Diese Festnahme kam nicht ganz unerwartet für Greti, da sie schon seit Wochen irgendwie gespürt hatte, dass sie observiert worden war. Daher hatte sie sich auch zur Präsentation dieses Greti-Kalenders verkleidet und zwar als Mann mit schwarzer Brille, diffusem brünettem Toupet, schwarzem Sakko und verschlissenen Jeans, also alles in allem mit äußerst ungepflegtem Äußeren und nannte sich kurzum „Yeti“. Leider wurde sie erkannt, festgenommen und zu fünfzigjährigem schweren Kerker auf der Liparischen Insel Stromboli verurteilt.

Auch Gretis Literatur-Gangster-Freunde und -Freundinnen Roberto, Jo, Heinzi, Magda, Petra, Toni, Mecki und Helli kamen nicht besser davon, ihre Mittäterschaft wurde ebenfalls mit hartem Brot und kalkhaltigem Wasser belohnt, denn sie bekamen schwedische Gardinen vor die Nase geknallt, indem sie zu einem zwölfmonatigen Arbeitseinsatz bei Ikea verdonnert wurden.

7

Huren &
Zicken

Huren & Zicken

musical [1]

die sex-reklamen pumpen ihr licht in die dunkle nacht, während wir grog auf der reeperbahn schlürfen und hier sind um uns zu unterhalten mit dem rollstuhl-punk, der jedes bier und jede gitanes ex nimmt, um als "das extrem" zu gelten, während wieder ein musical einer pop-band uraufgeführt wird und seinen kitsch in die beißend kalte nacht schwülsten darf, während die anorak-nutten freier um freier nehmen im samstäglichen massenwahnsinn im industriellen großstadtchaos, während unten am hafen noch immer häuser besetzt und ska getanzt wird in verstopften gassen und eine 2minutenpizza beim inder um die ecke geschmeidig käsig in münder wandert und unglaublich zufriedene gesichter hinterlässt

schöne frauen [1]

kaum zu glauben wie viele interessante, schöne frauen es gibt, wenn man durch die stadtstraßen fährt, mit getrübten, verarbeiteten sinnen, strapazierten nerven und verschwitzten kleidern, um wieder und wieder irgendeine wichtige erledigung hinter sich zu bringen innerhalb eines tages, eines tages, der mehr als vierundzwanzig stunden haben müsste, um all den schwachsinn zu erledigen, den man tagtäglich zu erledigen hat, an einem solchen tag dennoch schöne gesichter, augen, menschen wahrnehmen, vorbeiziehen lassen, ohne sich zu unterhalten oder sich gar bekannt zu machen, geschweige denn sich zu verlieben

Zickenalarm! [2]

In München gehen lauter
Schwule Mädchen um
Im Hofbräuhaus habe ich sie
Mit Maß genossen
Und mit Weißwürsten
Bin ich
In den größten Biergärten Münchens
Rumflaniert
100 und einmal hab ich
Diese Stadt gelobt
Zusammen mit dem
Bösen Wolf
München überall in meinem Kopf
Gratis U-Bahn rauf und runter
-der Chef zahlt's-
Und die Bayern haben schon wieder gewonnen
Das Match schönste Stadt gegen zweitschönste
Stadt Deutschlands
Ist diesmal für Munich gut ausgegangen
Deutsch
Wir alle lieben Deutschland
Mit dem süßen Senf auf der Hose

ein unglaublich grausiges gedicht [1]

pfeif doch auf
die beneš-dekrete
und kost doch lieber
meine penis-sekrete

frau auf den wahlplakaten [1]

mein auto fährt mich nachts
auch wenn mir die augen zufallen
durch die stadt, sehe die frau, die ich kenne
die mich kennt, die schon oft „hallo“ zu mir
gesagt hatte, sehe diese frau auf den
wahlplakaten an den kreuzungen, an den
haltestellen, sie lächelt mir entgegen mit ihren
warmen, dunkelbraunen augen, ihren strahlend
sinnlichen lippen, die schöne frau auf den
wahlplakaten kennt mich, sie winkt mir zu
wenn sie mich sieht und ist im grunde auch
nur fiktion, wenn sie fotografiert von plakaten
lächelt, gleichwohl lächelt sie mir genauso
entgegen, wie sie auch lächelt, wenn wir uns
irgendwo auf einer kleinen oder größeren
veranstaltung sehen und ich mir überlege, dass
ich schwach werden würde bei dieser frau
wenn sie nicht rechts von mir, ja wenn sie
dieselben politischen einstellungen hätte
wie ich

vom weißen teller [1]

schmieren
rosenmarmelade auf ein brötchen
während unten die damen im eiskalten
winterwind, dick vermummt in ihren
anoraks ihrem geschäft nachgehen in
bahnhofsstraßen

schneiden
rinderschultern in schmale streifen
während draußen wahnsinnige sich
besaufen, die wildnis einer stadt sich
brachial und eruptiv in explosionsartigen
schwällen ergießt

gabeln
schokoladekuchen vom weißen teller
während drinnen die gedanken sich nach
einer geliebten strecken, sie umarmen
und die sanfte, ehrliche und geborgenheit
stiftende wärme vermissen

ein schrecklich peinliches und zugleich moralisch höchst verwerfliches gedicht [1]

karikaturen
sind wie huren
denn sie treiben es
mit jedem
thema

8

Bauernregel vs. Schulaufsatz

Bauernregel vs. Schulaufsatz

Bayrische Spatzenpost [2]

Meine Weißwurst
Wird auch immer größer
Schlingt sich um meinen Bauch
Ob sie wohl von den Weißwürsten herrührt
Die ich in mich schlang
Oder doch von den vielen Weißbieren
Dich ich hinuntergoss?

Weißwurst oder Weißbier?

Die Antwort steht auf jeden Fall
In der nächsten Spatzenpost
Wenn IHR dir richtige Antwort wisst
Schickt einfach eine Postkarte an die folgende Adresse

Kennwort Kasperlpost
1136 Wien

bauernregel [1]
(aus dem 16. jahrhundert oder so)

zwei tage nach dem
rosenmontag ist es jedem anzuraten
statt dem dicken, fetten braten
nur mehr rosenkohl zu essen
und dabei
das rosenkranzbeten
nicht zu
vergessen

Schulaufsatz: Thema „Am Brenner“ [1]

Liebe Frau Lehrer!
Zum Brenner fällt mir eigentlich nicht so viel ein, außer, dass wir mit meiner Mama immer Orantschen von dem riesiggroßen Marktplatz auf dem Brenner nach Matrei geschmuggelt haben im Winter. Und dann meine Mama plötzlich zwei Töchter hatte, als wir an dem österreichischen Zollamt vorbeifuhren, weil ich die Orantschen unter dem Pullover getragen habe, unter dem neuen BH für meine Mama oder so.
Und dass mich so ein zwielichtiger Typ, ich glaub das war ein Drogendealer, einmal im Zug vom Brenner angefahren hat, ob ich Drogen hätte, das war so ein schmuddeliger Typ mit einem verwahrlosten Hund und einer Zollfahnderplakette.
Ich hab zuerst gar nicht gewusst, was der von mir will, dann hab ich ihm aber ein Pocket Coffee in die Hand gedrückt, damit er keine Entzugserscheinungen bekommt, der Arme. Mehr fällt mir leider nicht ein zum Thema Brenner...

Außer, dass
ich der Thomas Schafferer bin und ich am Brenner wohn, genauer gesagt in Matrei am Brenner, genauer gesagt in Pfons (ohne am Brenner), aber halt bei Matrei am Brenner, genauer gesagt im Römerweg, dem Römerweg, der ja keiner gewesen sein soll, aber halt doch Römerweg genannt werden muss, weil er ja über diesen Brenner immer schon geführt hat, da er eine Straße ist.
Und wer mich nicht kennen tut, ich trage die Haare immer wuschelig auf meiner Kopfhaut, damit man

nicht merkt, dass ich gerade aufgestanden bin.
Ich habe Politik gestuckt, will heißen Politikwissenschaft studiert, auf dieser höchst vornehmen Leopold-Franzens-Universität Innsbruck, will heißen Poldi-Franzi-Uni neben der Inn-Bruggen.
Und bin dadurch jetzt und für immerein Wissensgschaftler, sprich Wissenschaftler. Also einer, der mit seinem Wissen herumgschaftln darf und so gschaftl und gschaftl ich Tag für Tag, weil ich das ja darf...
Sonst bin ich auch bekannt als der Kinstler, wenn ich von der Gedärmerei, der Gendarmerie nachts ohne Licht aufgehalten werde auf einer unbefahrenen Landstraße und heruntergeschossen werde von meinem Drahtesel mit der Kalaschnikow der Behörde...

Jeden Tag wasch ich mein Gestell mit Göttermilch, und obwohl da drauf steht „Dieses Creme-Bad mit seiner ausgewählten Pflegekombination aus wertvollen Milchproteinen und Joghurtextrakten verwöhnt ihre Haut und schenkt ihnen einen wohltuenden Badegenuss“, stinkt die wie die Seuche nach Schimmel, was mich zwar stört, aber ich werd ja auch sauber und die ist von Lux, was mich freut. Weil meine Freundin ist aus Luxemburg, wo jeder meint das sei Liechtenstein. Die Österreicherinnen mögen mich nämlich nicht, weil ich ein Kinstler bin. Deshalb mach ich mit Ausländerinnen rum, was nicht immer einfach ist und war, vor allem damals in Zeiten von Schwarz-Blau. Die Luxemburgerin musste anno dazumal einen Deutschkurs besuchen, weil das alle Ausländer mussten, das war schön, weil ich sie dann besser verstanden habe. Die hat vorher wirklich dauernd den wildesten Tiroler Dialekt draufgehabt.

Wie ich noch in der Tirolerliga Fußball gekickt habe, schoss ich viele Tore, den Gegnern in ihr Netz und ich bin immer aufgefallen mit meinen blonden Mähnen am Kopf, die ich struppelig aufstehend wie der Campino von den Toten Hosen trug.
Ich hab also viele Tore den Feinden reingehängt, nicht so wie mein mitspielender Kuh-Seng, der Wolfi, der zwar auch den Gegnern eine reingehängt hat, aber meistens mit dem Fuß, mit dem Ellenbogen oder mit dem Schädel, seltener auch ins Tor von denen, öfter allerdings unserem Goalie, dem Gasser Fizzi, zwischen die Augen oder noch schlimmer, durch die Füße ins Netz, wo der Ball fangfrisch hängen blieb.

Auch mein Papa hat Fußball gespielt vor 77 Jahren. Mein Papa, das ist der Erich, der fährt und fuhr im Winter wie ein Wahnsinniger mit der Rodel oder den Schiern durch die Landschaft, im Sommer hockte er früher im rostiggrünen Krismerbus und fuhr die Blumen zu den Hausfrauen, die sie im ganzen Tal bestellt haben bei meinem Onkel, dem Manfred. Die Bell-Argonien, die Bett-Unien, die Suff-Inien, die Kaktusse und so...
Wenn er nicht gerade den Komposthaufen schöpfte, sperrte er die ganzen Verbrecher der Welt in das Gefängnis. Weil mein Papa war und ist nämlich Bullezist und weil er eben Bullezist ist, sitzt er den ganzen Tag rum, wie ein Beamter in der

Bullezeiinspektion 1 und schaut im Fernsehen Bullezistenfilme oder Western, weil er heißt ja Texas im Volksmund. Aber die Western schaut er viel viel weniger, als die Sportsendungen und arbeiten tut er auch mehr, als fernsehen und herumlungern.

Noch weniger tut meine Mama, die ist die Christine oder wie der Volksmund sie nennt: die Christl, herumlungern, die war sogar die Verwalterin von einem Hotel am Meer, bis sie nicht mehr Verwalterin war. Eigentlich war das so eine Anstalt für schwererziehbare Bullezisten, das darf jedoch niemand wissen, weil das den Verkehr der Fremden stören könnte, will heißen den Fremdenverkehr an der Liturgischen Küste oder so ähnlich.
Ja, die spricht super italienisch und kocht unheimlich gut Fertiggerichte, aber ganz ganz selten nur, sonst tut sie nämlich immer ganz ganz frische Sachen aus unserem Garten uns vorsetzen: Zwetschgen, Tomaten, Karfiol, Radie-schen, Schnittlauch und Mortadella vom Brenner oder Spaghetti und Kuchen oder Kartoffeln und Mangos und Advokatos und so Sachen, die wir halt gerne essen tun, wir Kinder.

Weil wir sind ja zwei Geschwister, meine Schwester und ich. Meine Schwester ist nämlich die Verena, weil die ist vier Jahre nach mir geboren und hat immer schon auf den Putz gehaut, damit sie nicht zu kurz kommt, obwohl sie ja eh immer noch kürzer ist, als wie ich es bin, weil sie ist immer noch erst 1,65, obwohl die schon 30 ist und sich zur Tourismuskauffrau diplomiert hat und dadurch immer auf Urlaub war, wie die bösen Leute in

Matrei immer gesagt haben, wenn sie wieder wegfuhr. Wie sie da weg war, hat sie bei ihrem Freund gewohnt, der ist ein Italiener und wohnt im Olivenhain über dem Meer, wo die Kakis und die Feigen reif werden von der Sonne. Der Freund von der Schwester, der heißt Marino und der ist Elektriker und trägt den alten Italienerinnen die Waschmaschinen über das Stiegenhaus in den zehnten Stock, was natürlich immer blöd ist, wenn die sich nicht mehr erinnern können, dass sie eine Waschmaschine bestellt haben und lieber einen Fernseher möchten zum Fernsehschauen. Dann muss der Freund von der meinigen Schwester, also mein Schwager, wieder ins Geschäft und was Neues holen für die alten Tanten, damit die befriedigt werden.

Aber mittlerweile hat meine Schwester einen neuen Freund sich zugelegt, der ist auch Italiener und der hat sogar studiert. Das hat den Vorteil, dass er keine Elektrogeräte tragen muss und den ganzen langen Tag nur in seinem stupiden Büro sitzen darf und außerdem heißt er Marco. Und die Verena hat auch einen neuen Beruf sich ausgedacht und tut jetzt für die Tiere den Bedarf verkaufen, will heißen Tierbedarfsfachgeschäftsverkäuferin, das ist das, was sie tut, für ihr Geld. Das ist lustig, weil sie ist auf Hunde, Rindviecher, Hirsche, Katzen und Elefanten algerisch und niest immer den ganzen Raum voll.

Apropos Katzen, da haben wir früher auch zwei gehabt im Haushalt. Eine alte Katze, die ihren Schwanz abgeworfen hat, wie eine Eidechse und noch eine alte Katze, die wie eine neue

ausgeschaut hat, aber geschrien hat, wie zwölf alte und wie am Spieß, bis sie das gekriegt hat, was sie grad haben wollte und mir der Kragen und das Trommelfell geplatzt sind.
Mittlerweile haben sich statt den zwei alten Vierbeinern zwei neue einlogiert bei uns in unserem Haus. Eine Italienerin namens Lilly, die ist eine schlanke Tigerin und ein Ossi, der jedoch kein Ossi, sondern sicher ein Wessi oder besser ein Nordi ist, weil der ist aus Innsbruck und schaut lieb drein wie ein Bulldozer. Und der hat sicher achtzehn Kilos auf den Rippen unter dem fuchsetten Fell, obwohl der eigentlich nur Light-Produkte frisst, wenn er halt überhaupt Hunger hat. Und die beiden sind wahrscheinlich schwul, weil die dauernd miteinander schmusen, was ich manchmal schon ein bisschen grausig finde, wenn die beiden von der gejauchten, gesurten Wiese reinkommen.

Alle gemeinsam wohnen wir also auf dem Brenner in Pfons, in dem Haus, das mein Papa aus den Ziegelsteinen gebaut hat und wo wir seit den 70er Jahren leben.

Liebe Frau Lehrer!
Das ist alles, was mir zu dem Thema Brenner eingefallen ist, ich hoffe, das reicht für eine gute Note? Danke!

Pop 2000 [2]

Irgendwann bin ich besser als Schneider.
Irgendwann flieg ich davon, durch die Luft, und tanze.
Irgendwann bin ich. Bin ich einfach... ich.
Und schwimme dann auch in einem Swimmingpool, gebe auch Interviews an Redakteure, die dann meine Bücher in ihren Blättern zerreißen.
Aber das kann mir nur nützen.
Irgendwann bin ich der King, vielleicht nur für einen Tag, aber das wird mir genügen. Der „fool for a lifetime" bin ich dann immer noch lang genug.
Dann gehe ich zurück in den Underground und schreibe Trashgedichte für mein Undergroundpublikum.
Irgendwann nach dem großen Erfolg und der großen Show.
When the Show is over...
Irgendwann und irgendwo wirst du es bereuen, dass du mich verlassen hast. Dann bin ich ein Star und du?
Irgendwann, dann und wann, liege ich unter Palmen am Strand von Ipanema, höre Bossa Nova, -spiels am Abend selber-
Irgendwann sollte man's aufgeben. Zurückstecken und aufhören.
Ich will das nicht.
Irgendwann.

romantisches dichtergerotze [1]

die rosen sind rot
die veilchen sind blau
mich großen dichter
liebt keine sau

9

Dekadenz & Askese

Kalaschnikow Mirko [2]

An einem Tag zum Meer und wieder zurück. Kalaschnikow Mirko war übergeschnappt. Zum zweiten Mal. Sechs Stunden nach St. Tropez, vier Stunden in St. Tropez, sechs Stunden zurück. Wie geht's dir danach Mirko?
Auf dem Weg zurück hielten wir auf der Höhe Aix-en-Provence und tranken um Mitternacht an einer Autobahnraststätte einen Automatenkaffee. Dann kaufte sich Kalaschnikow Mirko eine völlig veraltete Ausgabe des Playboys, im Doppelpack um den Preis von einem Heft. Egal. Wer legt schon wert auf die Aktualität der Geschichten? Kalaschnikow Mirko tat es nicht. Die Playmates der Monate April und Mai 1999 sahen immer noch blendend aus.
Autobahnschilder mit unaussprechlichen französischen Aufschriften. Dann wieder: St. Tropez 435 km. Etwas später: St. Tropez 380 km. Das beruhigte mich. Die Landschaft zog an uns vorbei. Ich rechnete hoch, wann wir ungefähr in St. Tropez ankommen würden.
Unvermittelt begann er zu erzählen. Ich hatte ihn nicht darum gebeten. Mir gefiel die Minimal Music, die sein Autoradio ausspuckte. Hätte fast von Steve Reich sein können. Kalaschnikow Mirko erzählt mir die Geschichte vom Krieg: Mir wollte einer von hinten die Kehle durchschneiden, ich hab mich schnell geduckt. Er erwischte nur meine Stirn. Ich drehte mich blitzschnell um und stach ihn nieder. Jetzt war er halt tot.
Das Mädel auf dem Foto ist sehr hübsch.
Das ist meine Schwester. Diese hier erinnert mich an meine Freundin Minka.

Als wir endlich da waren, kein kühles Bier. Er bestand

darauf, die letzten Sonnenstrahlen um 19:30 auszunützen, um den Strand bis zum Leuchtturm abzugehen. Danach tranken wir endlich einen Kaffee.
Ich bin damit beschäftigt, den Aufdruck auf seinem T-Shirt zu lesen. Ich lese: Kalaschnikow World Tour: Somalia 1993, Ruanda 1994, Uganda 1995, Tschetschenien 1994-96, Afghanistan 2001, to be continued...
Mirko erzählt weiter: Ich war Anführer eines Trupps in Tschetschenien. Ich hab jeden Abend gezählt, ob noch alle da sind. Oft haben welche gefehlt. Ich hab viele meiner besten Freunde verloren.
Ich hab kurz darauf auch verloren. Gegen Kalaschnikow Mirko. Die türkisch stämmige Französin, mit der ich einige Tage vorher noch im Bett gelegen hatte. Naja, jetzt schlief sie halt mit dem Russen, dem Anführer gegen die Tschetschenen. Zwei Kriegsdienstjahre hat er in Tschetschenien verbracht. Ich sitze mit einem Mörder im Auto. Bringt er mich jetzt auch um, weil ich mit ihm um die gleiche Frau buhle?

Milan, der Freund von Mirko, den hätte ich bald vergessen. Der war auch dabei. Bei unserem Abstecher nach St. Tropez. In St. Tropez angekommen konnten sie nicht schnell genug die Gendarmerie finden.
Zwei Russen zum ersten Mal in St. Tropez. Eilig schossen sie mit der Digitalkamera ein paar Fotos vor dem Gebäude. Wusste gar nicht, dass Louis de Funès auch im russischen Fernsehen läuft. Naja, auch recht.
Bevor wir losfahren essen wir noch Ravioli, kalt und aus der Dose.
Auf der Rückfahrt spricht Kalaschnikow Mirko davon, wie wunderschön seine Schwester ist. Es stimmt. Ich habe das Foto auch gesehen. Und der kleine Franzose, Philip auch. Allen hat er das Foto gezeigt. Ich glaube,

Philip hat sich bereits in sie verliebt.

Als wir wieder auf dem Parkplatz halten, auf dem wir vor 16 Stunden losgefahren sind, hält er inne. Er zieht seine Packung Zigaretten aus der Jackentasche heraus und bietet mir eine an. Wir sitzen im Auto und rauchen gemeinsam. Wie am Anfang der Fahrt.

Der purpurrote Anzug [1]

"Schneegestöber fächert ihm, in seinen Augen stochernd, entgegen auf seiner einsamen Fahrt durch die eiskalte Winternacht. Orientierungslos, müde und von den Strapazen gezeichnet tretet er in die Pedale, während ihn seine Kräfte verlassen, doch seine Gebete Richtung Himmel schweben. Kilometer um Kilometer rollt das Fahrrad über die pechschwarze, nasse Strasse bis der Schneefall stärker wird, der Asphalt sich in einen endlosen, weißen Teppich verwandelt und der Schneematsch plötzlich das Vorderrad wegrutschen lässt. Laut und knirschend krachend wird er aus seiner Wahrnehmung geschleudert, schlägt wuchtig auf der Fahrbahn auf und bleibt regungslos liegen".

Nachdem er diese Worte gelesen hatte, stülpten sich seine wulstigen Lippen über den Rand des Glases. Seine Zunge schlängelte sich um die Cocktailkirsche, die im Champagner schwamm. Auf Kissen aus Samt und Seide gebettet sein Haupt im heißen, leibergefüllten, barocken Saal einer Klosterkirche. Sein Körper im purpurroten Anzug auf einem Diwan aus Nerzfellen vor goldenen Tellern, die belegt mit edlen Speisen im flackernden Schein der Kerzen und Fackeln fettig leuchteten. Er sog den schweren Rauch tief aus der Zigarre und blies weißgraue Schwaden in die ausgeschminkten Gesichter der halbnackten Frauen, die seine Füße küssten, bevor er fortsetzte:

"Er sitzt an einem schlichten Tisch in einem holzvertäfelten Zimmer und tippt Worte aus seinem Innersten über die Tastatur einer Schreibmaschine auf ein Blatt Papier. Seine Werte, seine Gefühle, seine Sichtweisen. Er schreibt nieder was in dieser Zeit endlich einmal offen gesagt werden muss. Dass es Gott wirklich gibt. Dass die Menschheit im Wahnsinn zuhause ist. Dass das Leben einen Sinn hat. Bis er auf dem Rücken liegend wieder erwacht und in den schneeverstürmten Himmel blickt, der sich über seinem Gesichtsfeld breit gemacht hat. Mühsam stellt er sich erst Minuten später wieder auf die Beine, wirft das zerschundene Rad in den Graben und schleppt seinen spärlich bekleideten Körper zu Fuß weiter".

Säuselte er in die Ohren der Festgäste, schlürfte wenig später die Eingeweide aus den Austern. Löffelte zu gierig, zu schnell und ohne Maß und Ziel Kaviar in seine Kehle, um ohnmächtig in die fleischig brodelnde Menge, der sich vor ihm rekelnden Leiber zu kotzen. Besinnungslos wischte er sich das Erbrochene von den Lippen und begann sich auf dem Marmortisch wieder eine Strasse zu legen. Der Saal jubelte und klatschte bis er sein Gesicht in den Schößen der opulentesten Frauenzimmer vergrub, die sich ihm offenherzig offenbart hatten. Er lies deren Körper über ihn hereinbrechen wie wollüstige Unwetter und er öffnete großzügig seinen Hosenschlitz, denn sein Verleger mit dem Pferdefuß kam auf den Knien gekrochen. Doch dann atmete seine Nase nur mehr Schnee und trug ihn in andere Sphären:

"Durch die Dunkelheit stapfend, friert sich der Schnee immer weiter in sein Gesicht. Seine Gedanken schreiten durch die Vergangenheit, durch die Beschwerlichkeiten, durch die mühseligen Jahre bis allmählich sich die Umrisse eines weitläufigen Kirchenkomplexes auf einer Hügelkuppe abzeichnen. Bunt strahlt der beleuchtete Innenraum durch die Fenster nach außen in die Schwärze. Schwerer Atem bricht hustend aus seinem Mund als er erschöpft auf seinen Knien niedersinkt im harten, brüchigen Schnee. Er weiß, dass nun wohl der Moment gekommen sein muss. Er steht noch einmal auf, tappt auf das Gebäude zu und betritt die heiligen Hallen, während er seinen purpurroten Anzug zu Recht streift und seine Textblätter aus der Jackentasche zieht".

Beim Steigenberger Max [2]

Der riesige goldene Ventilator in meinem Zimmer erinnerte mich irgendwie an die Zeit, als ich noch in Saigon war, für die Dreharbeiten zu diesem gewissen Film, ich glaube er hieß Apokalypse now. Seitdem sind schon viele Umdrehungen des Rotorblattes in der Hitze vom Dortmund vergangen.
Beim Max, dem fünf Sterne Hotel in Dortmund lebt es sich wirklich sehr gut. Goldene Wasserhähne, eine geräumige Suite, eigenes Briefpapier im Schreibtisch und einen großen Fernseher mit allen nur erdenklichen deutschen Kanälen. Die interessierten mich aber nur sehr beschränkt. Ich bevorzugte die oberste Leiste der

Fernbedienung, die für das Pay-TV. Zum ersten Mal in meinen Leben wurde mir bewusst, wie schnell zwei Minuten doch vorbeigehen können. Das ist nämlich genau die Zeit, die man das Pay-TV gratis genießen darf. Naja, einmal auf dem Pornokanal gelandet wollte ich einfach nicht mehr umschalten. Hab mir gedacht, das zahlt eh das Theater „Fletch Bizzel", das uns hier so nobel einquartiert hat. Ja, ein bisschen ein schlechtes Gewissen hatte ich dann schon, nach zwei Stunden Hardcoresex pur. Was wird der arme Mann vom „Fletch Bizzel" nur von uns denken, im Speziellen von mir.

Gut ausgeschlafen brach ich gegen 9 Uhr 30 nächsten Tages zum Frühstücksbüffet auf- und outete mich prompt als Nicht-High-Society Mensch, noch nicht an die Etikette des deutschen Hochadels gewohnt. Wollte mich zuerst auf die reservierten Plätze sitzen, dann hatte ich die Dreistheit, mir den Kaffee selbst einschenken zu wollen. Ich glaube, die Serveuse am Frühstücksbüffet war ziemlich verdutzt, aber trotzdem sehr freundlich und verständnisvoll.
Die Croissants konnte man sich erstaunlicherweise selbst vom Büffet nehmen. Und man brauchte nicht einmal die Zimmerkarte dazu. Hätt' mich nicht gewundert, nachdem ich gestern schon mit meiner Zimmerkarte den Lift in Gang gesetzt, mit der Karte ein Bier aus dem Getränkeautomat herausgelassen und sogar die Klospülung damit betätigt habe. Ich war wirklich auf alle gefasst.
Auch auf die hohen Preise in der Vitrine für die Geschenke- für zuhause. München und BMW im Speziellen müssen wohl Sponsor dieses Hotels sein. Anders konnte ich mir die überwältigende Überzahl an BMW Goodies nicht erklären. BMW-Schlüsselanhänger,

BMW-Schildkappen, BMW-Modellautos, Regenschirme und Kaffeetassen. Aufgrund des wirklich akzeptablen Preises von 40 DM hab ich mir dann auch eine Kaffeetasse gekauft. Für mich selbst natürlich. Ha, hab ja nichts fürs Zimmer gezahlt. So wie gestern - aber welch ein Unterschied zwischen der Jugendherberge Charles de Gaulle und der Jugendherberge Steigenberger Max.

zuck-zunft [1]

...und warum soll die zukunft
der zuck-zunft gehören
und nicht den ruhigen, gelassenen menschen...

10

Romantik vs. Realität

Romantik vs. Realität

traumgestalten [1]

ich bin jene traumgestalt
die das zimmer betritt, wenn du schon tief
schläfst, die sich an dich drückt im warmen bett
die dich auf die wange küsst und neben dir
einschläft

du bist jene traumgestalt
die frühmorgens aufsteht, die mich umarmt
mich küsst, die aus dem halbhellen zimmer geht
und mich kurz wach zurücklässt, bevor ich wieder
einschlafe

Korsika - eine romantische Geschichte [2]

Pietracorbara, die weißen Kieselsteine am Strand, wir warten rauchend auf den Bus, Bus der 1x am Tag an dieser Stelle vorbeikommt, rauchend, und nicht öfter. Sonne scheint, 25 Grad, Quelle: Wetterbericht Corse Matin. Daneben die schlaue Philosophenkatze, die vom ausgeschlossenen Raum inmitten der neuen Integration spricht. Ich und du auf Kiesel, ich auf LSD, Wasser kalt und rot, BRR. Frisch und schön weht der Sonnenwind, Sonnenstaub durch deine silbernen Finger, Muscheln auch und ich und du am Ende der Welt, meist mit Wein, logische, korsische Schwere. Herz auf Herz, liegen auf dem Vorsaisoncampingplatz der Insel. Sintflutartig bricht der April-Orkan über uns herein, Zelt total wasserdicht, total windfest. Die ganze Nacht hindurch, am morgen Nieselregengeflüster. Stell mich wieder unter Dach, als der nächste Regenguss kommt, stehend sehne ich mich wieder zu dir ins Zelt.

Schnee und Meer und alles so gleichzeitig beisammen, ich will dir den Rücken streicheln, sitzen wir zusammen vor der Sonnenuntergangskulisse, Plage d'Argeno, ein paar andere Touristen sind auch noch anwesend, gehen alle gleichzeitig, als sich die Sonne im Meer versenkt, ertränkt hat. Die Bergdörfer, auch San Antonio, erklimmen wir auf ganz und gar umwegigen Wegen, wie zuletzt gestern. Wollen nicht den eingezeichneten Routen folgen, gehen lieber viel anspruchsvollere Touren, meist unabsichtlich. Weiße Gräbervillen stehen links und rechts der Straße direkt vor dem Städtchen Corbara, noble Villen für die Toten. Schön und gut, die Macchie streift unentwegt angenehm an unseren Beinen vorbei, ist grün, gelb, blau und rot. Ginster, und Kraut, dessen Namen ich auch nicht kenne.

Schmalspur-bahnig fahren wir zu unserer Passion, Kühe und Ziegen stehen mitten auf dem Gleis, werden vom Lokführer weggehupt. Eine Landschaft, eine Bahnstation. Nouvelle. Kein Mensch wartet dort auf deinen Zug, ich betrachte die weißen Dörfer, da steigt plötzlich jemand aus. Wir fahren zum Meer, zur Wahnsinnszitadelle, Busse verkehren hier nur zur Hauptsaison, wir bleiben da, ganz egal. Österliche Gipfelbesteigung, zu einem österreichischen Kreuz mit Gipfelbuch. Wir fühlen uns momentweise... Ich umarme dich auf dem 700er, Cap di a Veta, über Meeresrauch, gelbem Ginster, Rantamplan, fällt mir da ein: Der Hund, der immer Angst hat, sogar vor Hühnern. Kieselsteine, weiße, rote, blaue, Malkastenkieselsteine, nur Marder haben keine dran glauben müssen. Der verrückte Amensager in der Kirche, Jesus est resucité, ja ich weiß, denn heute ist ja Ostern, wir in Bastia, und es regnet, nein nicht 25 Grad, kein Kater, höchstens vom Roten Meer.

Antoine und Claire sind auch super glücklich, wir bekochen sie mit Couscous und Artischocken. Am Sonnendeck, Regina II, Corsica Ferries.

scheinbar nichts ist mir mehr heilig...[1]

nachts, zwei uhr morgens mit bier in den händen
thailändisches bier, das wir noch gemeinsam
gekauft hatten, als du noch nicht fortgegangen
warst, male bilder ohne dich, denke daran, dass
du mich gerade betrügen oder dass du nie mehr
zurückkehren könntest, ist dein abschied ein
ewiger? und mir ist scheinbar nichts mehr heilig
der sommer ist vorbei, statt wermut trinke ich rum
und esse früchte, alle welt hat mich alleingelassen
mit meinen ängsten, mit meinem trauern, mit allem
was mich heute müde macht, statt mir kraft zu
geben, statt mich glücklich leben zu lassen,
scheinbar alles macht mich unglücklich und trotzdem
hoffe ich auf die wiederkehr von euch allen, die
ich liebe, von dir, die ich eigentlich lebenslänglich
lieben möchte, von dir lebenslänglich geliebt werden
möchte, doch scheinbar gibt es in dieser welt
keine sicherheiten mehr, keine moral, keine werte,
die bestand haben, alles muss ausprobiert sein,
nichts darf mehr heilig sein und unangetastet, nichts
darf mir mehr heilig und unschuldig sein, nichts,
nicht einmal die liebe darf rein und göttlich sein

Romance, gelebte[2]

Ich spiele auf dir Klavier, schlage meine und deine schwarzen und weißen Tasten an, Tastentraum, gut bestückt, verrückt der Klaviersessel unter mir das Sonatenmeer, Bach... Kingston liegt einen Steinwurf vom Ufer entfernt, wir betrachten den Sonnenuntergang, wieder und wieder, hüpfend, sitzend, stehend, So geht die Sonne sehr oft unter. Calvi, die Zitadelle, April 2003, ein Auferstehungstraum.

Zimmere mir die -perfect romance- zusammen, in meiner Gartenlaube, Eintracht, Harmonie, Liebe. Der Mond geht am Patscherkofel auf, recht früh, so gegen halb sechs. Meistens unbemerkt schleicht er hinter dem Berg hervor. Schreibe in mein oranges Buch, magische Blätter, meine magischen Blätter, bespickt, Spickzetteltumult, alles durcheinander, wahrlich ein heilloses Durcheinander. Aus einem Ofenrohr bläst mir der warme Sonnenluft, -duft, entgegen, wohltemperiert, auch mein Klavier, wenn ich Bach spiele. Bach höre, Gulda, 2. CD, wohltemperiertes. Klavier, Sonate sowieso .

West-Site-Story, Enten, die schön dazwischen quaken, Spinning around, „Reicht Liebe allein?“ Traum, wache aus meinem Traum auf, leg mich zwischen Gang und Kirche, Küche, auf den Boden, 3 Uhr morgens, heute Arbeit, noch weit weg. Minnesänger flüstern mir Geheimnisse ihrer Angebeteten ins Ohr. Stille, verkommenen, beklommenen, beklemmende Nacht. Am Morgen den Traum vergessen, entäußert auf einem Stück Papier, manchmal.

- Gebrochen, der Stil- breakdown -

Comosee, Kosmos, ein blau-roter Kosmonaut, kongruent verstrickt sich ein Dreieck unter meinen Sohlen. Silikon durchleuchtet spaziere ich den langen ausgeleuchteten Gang entlang, klinisch. Reicht die Liebe allein? Eis, vereistes, eine Reise. Reicht die Liebe, um feindliche Banden, Sharks, Jets, zu vereinen, um Bande zu knüpfen, die Welt zu vereinen? Wer mag dies verneinen? Bejahen? Tony, du Maria? Setze dem Stück den Zuckerguss auf. One Love, eine wahnsinnige Idee. Versteckte Träume, Cinderella, geh baden, im blauen See der Musik, Mount sowieso, sich wieder bestätigt. Vertragen der Schlaf, Mouse and Creme, aus Eis.

1000 menschen (in gedanken) [1]

ein mensch schläft mit 1000 menschen
probiert alles aus, lässt nichts unbefleckt
schläft mit männern, mit frauen, macht
das, was ihm lust bereitet, befriedigt sich
mit schnellen reizen und ist trotzdem
unzufrieden, arbeitet nicht, doch betrinkt
sich ständig und versagt wenn er mit
seiner eigenen frau schlafen soll, kann
liebe nicht geben, kann gar nichts geben
und das was er sich nimmt, macht ihn
auch nicht glücklich, ihn, den menschen
der mit 1000 menschen schläft
in gedanken

11

Wasser & Whisky

Wasser & Whisky

wasseradernetze [1]

es verschwinden in unserer welt
die großen zusammenhänge, gehen verloren
wir
kümmern uns
nur um details, wir kümmern uns
nur um kleinigkeiten
wir kümmern uns nur um tropfen
und sehen das meer nicht mehr
wir trinken das wasser aus plastikflaschen
wir trinken das wasser aus nirostawasserhähnen
und vergessen die wasseradernetze, vergeuden die
quellen, wenn wir
uns nur um tropfen, um atome scharen
und davon unser weltbild ableiten

Wassermelodien [2]

Basierend auf einer persönlichen Ausstellungserfahrung von NEW OCEAN (Doug Aitken), 1st floor: "Interiors" und 3rd floor: "New Ocean"

Das passiert zu oft: Das untrügerische Gefühl, dass irgendetwas, irgendjemand plötzlich fehlt. Und dann: Der blaue Himmel in deinen Augen, die grüne See unter deinen Füßen, der rote Saphir in meiner Manteltasche. Auch: Eine imaginäre Leinwand, die dich nicht mehr abbilden kann, im Inneren des offenen Sterns. Man sieht sich um, greift ins Leere, ins Lautlose. Du fehlst [mir] mit deinen Rasterlocken. Im Inneren des Sterns, des quadratischen Kreuzes, des Dreh-Kreuzes passiert

es: Der Mensch, der mir genau in diesem Augenblick etwas bedeutet, der sich dreimal um sich selber dreht, der [ab]gedreht wird, verschwindet. Unmerklich. Noch weiß ich nicht, ob er wieder auftaucht.
Ich schaue nur etwas ratlos in das große offene Meer, neondurchflutet oder in den Schilffluss, geflutet. Auftauchen aus dem Wasser. Abtauchen in der Großstadt. City Lights flimmern an meiner Netzhaut vorbei. Tokio, New York, London.
Wasserverschiebungen. Once again.
Und dann: kommt mir plötzlich die Erkenntnis, dass die Traurigkeit an jedem Ort die gleiche Ausprägung annehmen kann. Und Wasser kulturunabhängig, kulturübergreifend gleich langsam fließt. Immerhin sind wir ja alle Menschen. Und das beruhigt mich dann. Wenn sie fehlen.
Ab dem Zeitpunkt, als ich begriff, sie ist verschwunden, da war sie wieder da. Durch eine imaginäre vierte Leinwand. Im Inneren des Sterns. „Was abgebildet ist zählt nicht, nur das, was fehlt und du .... in dein Inneres projizierst." In den Gedanken der Betrachter lebt genau der Teil weiter, der abhanden gekommen ist. In meinen Gedanken lebst du weiter. Und kommst und gehst. Auch ohne Leinwand verschwindest du in den Städten meiner Welt.

Dein Wasser lässt mich erstarren, erstarre, wenn ich dein gefrorenes Wasser am See entdecke. Bis nach Lindau drangen wir. Und dann: Rauchten wir eine Zigarette zusammen, um 2 Uhr in der Früh. Nachdem wir den See zur Gänze umrundet hatten.
Diesmal Wasser von oben und kalt. Lichtufer in Greifweite. So viele Seejungfrauenwunder sind mir noch nicht begegnet, erwidere ich leise auf ihr Geflüster.

Drehe mich lautlos um sie, verschwinde kurz. Und bin wieder hier.
Wartende Geheimnisse heute nicht abgeholt. Unvergolten grollt mir der Donner. In deinen Armen, das Lenkrad des Opel Corsa.
Enten schwimmen lautlos, gegen Strömungen an. Kulturelle Strömungen, ziemlich egal. Den Enten.

Hier ist ein Geheimnis:
Warum meine Meerjungfrau verschwand in einem güldenen Gewand, ist die eine Geschichte, die ich nicht hier erzählen werde. Nur so viel. Die Geschichte hat einen ausgesprochen verwässerten Schluss. Die andere Geschichte: Ich spielte damals noch Kontrabass und aß Wassermelonen. Fünf Stück pro Tag. Vier am Vormittag, eine am Nachmittag. Wasserstoffblond war ihr Haar, nicht gülden. Güldene Leine spann sie mir, in der sie mich immer mehr einwickelte. Das Cocooning nahm sie wohl allzu ernst. Sie baute einen Cocoon um mich. Und ich war gefangen in ihrer Welt. Hab natürlich, sozusagen als Gegenmaßnahme, die Beatles angehört (Can't buy me love), und wollte ihr sofort einen roten Saphir schenken. Ich wollte sicher gehen, dass meine Liebe erkauft war. Und den blauen Himmel hab ich ihr auch aus dem Blauen erlogen. So nebenbei, auf unseren Sonntagnachmittagspaziergängen. Sie wollte in ihm verreisen. Ans Schwarze Meer, nicht mehr, denn da war sie schon. OK, wie wär's mit der grünen See? Ach ja, und wo liegt die?
An diesem Abend umrundeten wir im roten Opel Corsa des ÖAMTC den Bodensee. Danach war nie wieder alles wie zuvor.
Wir hatten uns wohl zu laut angeschrieen.

Ich will schreien, wie ein Chinese, rappen, lautlos wie der Schwarze, Handsquash spielend. Der blaue Himmel in meiner Manteltasche, der Saphir in der grünen See, der zu meinen Füßen. Du. Weiß noch nicht den Tag oder die Nacht meiner lautlosen Schreie. Werde sie kurz vor meinem Vollmond gewusst haben. Wenn die Ebbe das Meer rückwärts tropfen lässt. Gedankenlos wandle ich auf Wasser und weiß es. „Turn the lights out", ausblasen sollte man die Lichter der Großstadt, was dann passiert: Das passiert.
In einem neuen Ozean wird wohl auch ein neues Leben geboren werden, indem alle Helikopter dieser Welt nicht mehr von Bedeutung sind. Nur noch Wasser. Und vielleicht auch ein Ball. Vielleicht auch du [mit einem Ball in der Hand].

whisky und wasser [1]
(für gerhard moser)

charaktere kennenlernen, sich abtasten
und vertraut machen, obwohl wir wie
hund und katze, wie whisky und wasser
sind, dennoch aufeinander zugehen und
verständnis, achtung empfinden und
unvoreingenommen in eine fremde welt
sich wagen und tag für tag sich besser
verstehen, sich schätzen lernen und
stärken und schwächen hervorheben
herausarbeiten, ohne sich dabei
gegenseitig zu vernichten, zu zerstören
um im fluss zu bleiben, um sich weiter
zu bringen und um weiterfort unseren

fischkutter am ozean der künste
manövrieren zu können, um auch
weiterfort sich aufeinander verlassen zu
können, auch wenn wir wie whisky und
wasser, auch wenn wir merkwürdige
liebenswerte menschen sind...

...der sintflut [1]

der wolkenbruch verwüstet unaufhörlich die steppe
in meinem inneren, verwäscht meine verwinkelten
zwangslandschaften, verwässert die verschlossen
dichte, schilffarbene substanz
sitze im dunkelbraun umholzten, grünen innenraum
esse die leber einer gans und schmalz und
zwiebeln, breche das brot, das dunkelschwarze
bier gemächlich getrunken
und draußen das mächtige grollen und krachen
der sintflut, der regen sich in den schlammigen
seeboden wühlt und gräbt, hellgrüne ockerebenen
im blitzschein vergraut und düsternis über die
augen flutet, wuchtig verdonnert und bedrohlich
wütet
während ich drinnen ruhiger und freier, während
drinnen ich gelassener mich den gegebenheiten
nicht entgegenstelle, sondern ausharre bis der
sturm sich gelegt hat
bis die gezeiten, die strömung
mich nicht mehr mitreißen
und sich der fluss vom bach zur quelle wandelt

Freedomland: Wasser Zucker, Salz [2]

Und dann sitze ich wieder im Zug, fahre an Atomkraftwerken vorbei, an Seen und an dem See. Was ist das nur, was mich an diesem See fasziniert, der Königin aller Seen, mit Zuckerhäubchen auf Bergspitzen, Reflexionen im Wasser und Weinbergen wohin das Auge reicht. Ein gewisser Herr Chaplin war nicht ganz dumm, als er sich diese Landschaft zum Sterben ausgesucht hat, als Sterbebett sozusagen. Frag mich, ob man Vevey vom Zug aus sehen kann, aber dann bin ich schon vor Lausanne, zu spät.

Ich stehe auf, um den See besser zu sehen. Eine ältere Frau schaut mich etwas komisch an, sie weiß wahrscheinlich nicht, was mich an diesem See so fasziniert, wahrscheinlich wohnt sie sogar hier und der See ist für sie die natürlichste Sache der Welt. Ich genieße den Anblick, werd wohl eine ganze Weile nicht mehr hier vorbeikommen. Ich suche mir in Gedanken ein Haus aus, das am Hang liegt, frag mich, wer da wohl drin wohnt, was der wohl für einen Beruf hat, ob er vielleicht Weinbauer ist? Die Weinhänge sind ja nicht weit. Ich frage mich, wie wohl dieser Wein hier schmeckt, ob man die Luft und das Wasseraroma im Wein schmeckt, ob das hineinfiltriert werden kann, oder ob sich das heimlich einschleicht.

Hier hat auch Freddy Mercury mit Queen die letzten Lieder gesungen, und aufgenommen, auch für ihn die letzte Ruhestätte, zu Lebzeiten. Muss wohl „a kind of magic“ hier in der Luft rumhängen, oder besser gesagt im See schwimmen. Naja, manchmal ist aber auch nur „Fire in the sky“. Ich stell mir vor, wie ich vor meinem kleinen Häuschen sitze inmitten der Weingärten, einen Chaplin Film anschaue, mir gleichzeitig eine Queen CD reinziehe (der Chaplin Film ist ein Stummfilm, sonst würde das irgendwie eine sehr komische Mischung abgeben, tut es im übrigen so oder so), und zur gleichen Zeit ein Weinglas an meine Lippen hebe. Kann der Zug nicht noch mal rückwärts fahren, ganz langsam in Zeitlupe, um dann ganz langsam wieder in die Richtung zu fahren, in die wir jetzt gerade unterwegs sind? Um niemals in Genf anzukommen?

Stell mir vor, wie ich mit einer Schweizer Bergbäuerin auf Französisch über die letzte Folge der „Teletubies" diskutiere, OK, manchmal mischen sich auch ein paar Worte auf Schwyzerdütsch rein, bei besonders lustigen Stellen. Eine Schweizerin mit 10 Lila Bergkühen, die nur in der Region um den Genfersee heimisch sind. Der See heißt übrigens auf Französisch "Lac de Lemin", aus mir noch ungeklärten Gründen. Und wenn dann die Sonne hinter den Bergen untergeht, holt sie ihr Fotoalbum heraus und zeig mir ihre Kindheit in den Bergen von Graubünden.

Jetzt kommen wir in Genf an, ich seh den jet d'eau, vor meinen Augen, und das Rote Kreuz Museum, das leider geschlossen hatte, als wir es besuchen wollten. Damals, als ich noch mit der Kanadischen Botschafterin zusammen vor Ort war. Den Chagall hab ich damals übrigens auch noch nicht gesehen, weil das Museum geschlossen war, wegen Renovierungsarbeiten, also Glück mit Museen hatten wir keines. Hab mich dafür in das Musikkonservatorium eingeschrieben, in das alte Gebäude, mit meinen Fingernägeln in den weichen Verputz oder in Gedanken in die Liste der Aufnahmeprüflinge,   für Kontrabass. Die Prüfung spielend bestanden, wie mir die Botschafterin bestätigte.

Gut durch die Passkontrolle gekommen, diesmal bin ich nicht gefilzt worden, der Schweizer Polizist hat mir nur eine sehr strengen Blick zugeworfen, den ich ebenso streng beantwortet habe. Den Pass hat er unters blaue Licht gehalten, etwas in den Computer getippt und mir den Pass zurückgeben, freundlicherweise. Der andere Zug stand schon auf Gleis 8 bereit zur Abfahrt. Hab es verabsäumt in Genf einen kleinen Zwischenstopp zu machen, leider. Das letzte Mal bei der Rückreise hatte ich eine halbe Stunde Aufenthalt in Genf. Bin also zum Luftschnappen vor den Bahnhof gegangen und hab die Ansicht der Stadt mit tiefen Zügen (die gerade erst angekommen sind) eingeatmet.

Da kommt plötzlich ein hübsches Mädchen auf mich zu, ich lächle sie an,   und sie grüßt mich, ihre Augen strahlen. Dann stellt sich jedoch heraus, dass sie mich mit jemandem verwechselt hatte, sie verabschiedet sich auf Englisch und verschwindet in die Straßen von Genf. Ich schaue ihr lange nach, mit ihre Stadtplan steht sie an der Ampel, gibt vor eine Touristin zu sein, und wartet bis Grün wird. Ich schaue so lange, bis ich sie nicht mehr sehen kann. Frag mich, wer das nur sein kann, mit dem sie mich verwechselt hat, ob der wohl derselbe ist wie ich, ob der gleich aussieht, und ob er hier wohl wohnt? Vielleicht bin das ja zuletzt ich, in der Zukunft, und sie ist aus der Zukunft in die Vergangenheit gereist, um mich hier zu treffen. Nur um mal kurz zu sehen wer und wie ich früher war, bevor sie mich kennen gelernt hat, in einer Kneipe in der Innstadt von Genf, an einem verregneten Sonntagmorgen. Very

strange, diese Gedankenspiele. Der Zug fährt ab, ein letztes Mal, für heute zumindest.
Ich beschließe, den Vertag zu unterzeichnen, mit dem ich das Haus am Hügel im Weingarten offizielle kaufe, damit es in meinen Besitz übergeht. Im anderen Haus auf dem anderen Hügel bin ich ja schon angestellt, um Frieden zu stiften.

12

Autos vs. Apfelkuchenherz

Autos vs. Apfelkuchenherz

mitsubishi [1]

bin wohl der lässigste autofahrer der welt, wie du
sagst, der champion, der weltmeister auf vier rädern
fahre den colt für alle fälle, mitsubishi bei nebel
und glatteis auf der brücke, donnere schleudernd
beinahe gegen die felswand, überfahre fast den
hund und den alten punk am martin-luther-platz
im schneetreiben und im jederwillnachhauseverkehr
wie du sagst, denn ich bin der lässigste autofahrer
der welt, fahre mit hundertsechzig sachen auf der
autobahn zum mittagessen in die stadt und beim
telefonieren der vorderfrau auf das hinterteil ihres
wagens, trinke bier und cocktails bevor ich starte
wein und spirituosen doch nur in klitzekleinen dosen
ohne brille mit den linsen in den augen, mit unter
nullkommafünfpromille schnalle ich mir den
mitsubishi wie einen rucksack auf den rücken
gebe vollgas und beschleunige, denn ich bin wohl
der lässigste autofahrer der welt, wie du sagst

Apfelkuchenherz [2]

Mein Apfelkuchenherz, französischer Apfelkuchen, bewahre ich ganz nahe am Gaumen auf. Dein Ahornblattherz rauscht im Takt der fallenden Herbstblätter, berausche mich auf meinem Piano liegend, solo und auch vierhändig! So ein Herbst soll nie vorübergehen. Wir trinken Weintrauben und ernten Ähren in Röthis – ganze Hände voll in unsere Hosentaschen. Liegen unter Stein gesetzte Steinchen, Trauben schleckend, drehst du mir dein Gesicht zu, sonnwendig, nein, will dich nicht aus-

wendig lernen. Die Trauben hängen gar nicht weit über meinem Mund. Milch kommt keine heraus, zum Glück nicht sagt der Klabautermann. Das Gras ist noch nicht feucht. Du fährst mir mit deiner Elvismähne durchs Gesicht, es kitzelt ein wenig, nur ganz zart. Du erzählst mir vom schönen Sommertag. Als wir an der Haltestelle Storchen-Züri anlegten, nicht weit vom Zürichersee. Ja das war ein Tag. Wie geschaffen für eine Lesung am Fluss. Diesen Fluss haben wir vorher sogar noch badend erkundet, und voll Überraschung seine mitreißende Strömung gespürt, ja wir haben ein mitreißendes Publikum bei der Lesung der jungen Schweizer abgegeben. Nicht weit vom Kinderspielplatz entfernt. Da blieb uns beiden der Mund ganz weit offen und die Spucke weg. Ach so einen Kinderspielplatz hätten wir als Kinder auch gern gehabt. Aber halt. Wir sind ja hier und Kinder allemitsam. So hüpften wir in die Riesenhängematte, verjagten die Eindringliche auf unserem Piratenschiff und tranken Kaffee um 3 Fränkli. Die Parkgebühren sauteuer, ganz egal - es geht auch. „Ach ja so schön ist Zürich“, flüsterst du mir ins Ohr. Nach der Lesung rauschen wir mit 130 Sachen am Wallersee vorbei wieder zurück, lassen die Fürsten, die uns zuwinkten, hinter uns Tiromancino im Autoradio. Das gab bei Nacht eine ganz außergewöhnliche Stimmung ab, ganz anders als mit Sonne und so.
„Ma“ sagst du. Und mein Herz öffnet sich so weit, wie die Blumen auf dem Wiesenteppich vor uns. Du klaust die Äpfel und die Birnen von den Bäumen herunter, verstören wir noch ein paar Kinder, auf dem nächsten Kinderspielplatz. Die schauen etwas verdutzt, als wir ihre Rutsche benützen.

Regenspaziergänge. Regen. Regen. Tropf. Auf meine

Löwenmähne. Hab 15 Euro für einen Liebesbrief bekommen, der nie angekommen ist. „Die österreichische Post kommt für ihre Liebe auf.“ Nur was machen mit 15 Euro? Wie wieder zurückverwandeln in Liebe? Darum gleich nochmals hingesessen und 3. Liebesbrief geschrieben, der zum Ankommen bestimmt ist, eingeschrieben, natürlich. Bin am Regentag mit dem alten Zivi-Auto schon fast zu meiner Liebe gefahren, nur abgeholt habe ich eine andere. Eine alte Madre, die sich voll Liebe, schon nun 40 Jahre ihres Lebens, in Bolivien um die Straßenkinder kümmert. Diese Frau hole ich nun ab, weiß nicht ob sie gesprächig ist, ob sie mir viel über Bolivien erzählt, über die Kinder und so... So steht sie auf dem Berg mit der Burg oben drauf und wartet, bis ich sie hole. Rosenkranz betend fahre ich durch den Arlbergtunnel, durch die vielen Baustellen durch, mit einer heiligen Madre kann mir im Straßenverkehr bei Gott nichts passieren. Die italienische Musik wieder im Autoradio, Herbst ist es geworden, ganz herbstig wird mir ums Herz.
La descrizione di un' attimo, Zürich im Kopf, ein Luftzug fährt vorüber, ein Zug der neuen ÖBB auch. Auf so einen Zug warte ich, in Feldkirch, um wieder, zum zweiten Mal an diesem Tag, ins heilige Land der Berge zu fahren. Weintrauben trinken wir auch heute Abend, nur im Freien, das ist ein bisschen kalt. Das verschieben wir auf den nächsten Sommer.

opel vectra [1]

ich bin heute wohl der bemitleidenswerteste
autofahrer der welt, wie ich meine, denn mein

geliebter freund und benzinbruder, mein mitsubishi hat heute seinen geist aufgegeben, beziehungsweise ist ihm die lichtmaschine ausgegangen, hat ausgehaucht sein leben

mitten auf der a13, der brennerautobahn wie die österreicher - auf der a-ventidue, wie die italiener so schön zu sagen pflegen, als ich gerade in die hauptstadt wollte, sollte, hat der mitsubishi bei 130 km/h statt den lkw neben mir zu überholen zu stottern und zu husten und auf den pannenstreifen zu holpern begonnen

wie ein no-name-auto aus polen, bis er alarmblinkend und hart schnaufend unbesonnen neben der leitschiene nicht mehr weiter konnte und zweihundert meter vor der ausfahrt in der dunkelschwarzen bitter kalten schneewinternacht statt zu fahren ausharrt, mein geliebter mitsubishi, der mich gerade noch gestern

von der sonnenriviera am mittelmeer sechshundert kilometer hinauf in die alpen getragen, gefahren hatte, mich immer nahezu pünktlich zu allen terminen brachte, was mich glücklich machte und in seinen verschnaufpausen vor meinem fenster, vor dem haus in dem ich wo-hne locker, lässig parkte in der so-nne

dieser jene mitsubishi wusste heute wie gesagt nicht mehr ein noch aus und blieb einfach stehen ohne lampe - ital. lampa-da, mitten in der pampa, da zwischen matreiwald und schönberg und auch die 1,5 volt-duracell-batterien in meinen hosentaschen

halfen nicht mehr, um den gefährten, den laschen,
wieder aufzumuntern und

das rote batterie-signal am armaturenbrett dazu zu
bewegen, dass es aufhört zu pumpern, der motor
stockte wie saure milch und ich sprang panikartig
aus dem bauch des alten kollegen, den meine
mutter um 700 euro erstanden und den ich fortan
lieb gewonnen hatte, begann das pannendreieck zu
zerlegen, bis das blöde spröde

plastikding zerbrach mit lautem krach in der
stechend eisigen nachtluft in tausend teile, ich
tänzelte in zu dünner kleidung derweile, um mir
wärme in die kalten glieder zu bringen und mein
mitsubishi alarmblinkte schwächlich kränkelnd, um die
lkw-kolonnen zum vorbeidonnern zu zwingen

natürlich auch, um den mann mit den gelben
socken, den menschen vom öamtc oder wie die
italiener so schön zu sagen pflegen: vom „atschi“,
auf seine fährte zu locken, damit jener mann vom
öamtc ihn wiederbeleben sollte an dieser scheiß
transitroute, der gute 180.000 kilometer alte
mitsubishi durfte nicht sterben, sondern

sollte auf einem parkplatz repariert werden, um
wieder gas geben zu können später, um den
siegerpokal zu küssen, wie hermann maier, der
herminator, aber auch, um mir die chance zu
geben in die stadt zu gelangen, statt mir die zeit
zu stehlen und mich gefangen zu halten in dieser
einöde zwischen den bauernhöfen

und so war es auch am ende, der mitsubishi blieb stehen am parkplatz und ich war behände, am fahren mit dem legeren doch schweren opel vectra, ein stufenbeheckter karren, das gefährt meines vaters, mit dem es mir gelang servolenkend, geschmeidig und bei coolem sound, mich zu retten und in die hauptstadt zu jetten

darüber nachdenkend, dass ich heute wohl der bemitleidenswerteste autofahrer der welt war, wie ich meine, darauf konnt ich wetten

13

Tetra Pak & Weinkeller

Tetra Pak & Weinkeller

tetra pak - fabrik [1]

und mitten aus den gesprächen gerissen
fährst du nach schweden
und ich frage mich wie viele freunde
ich eigentlich habe, während ein pissoir
wasser fasst, das aus mir strömt
als du dann an der brücke entlang
über das meer nach kopenhagen blickst
und fünf fahnen auf halbmast siehst
auf der tetra pak - fabrik
in der dämmerung
kurz vor mitternacht

Oh Candela, die Hütte des alten Oskar brennt! [2]

Oh Candela, candela, candela, candela candela,
Oh Candela, die Hütten vom alten Oskar brennt! (2x)

Kurz darauf kommt der alte Oskar rausgerannt
Um vor dem Feuer zu fliehen

Oh Candela...

Doch er begibt sich nochmals ins Haus
Mit seinem alten Krückstock
Und er löscht dann das Feuer,
Schon lüftet er die Räume

Oh Candela Candela...

Dann lacht er und sagt: Ich habe eine gute Lunge.

Ich selbst bin halb erstickt
aufgrund der Rauchgasen,
Der alte Oskar lacht nur vor sich hin.

Vielleicht hat er schon zu viel Bier getrunken,
am Vormittag

Vielleicht aber auch nur zu viel Rauchgas eingeatmet
Das ihm den Kopf verdreht

Oh Candela Candela, Candela Candela...

Jetzt hockt der alte Oskar wieder auf der Ofenbank
Und lacht vor sich hin
Er lacht weil im fast - oh candela
Die Bude abgebrannt ist.

weinkeller (auf ungarisch) [1]

im ungarischen weinkeller
im weinkeller des bürgermeisters
sitzen gläser haltende weintrinker aus österreich
die sich durch die mehlspeisen beißen

und sich gaumenfreundlichen fruchtig kühlen
weinbeerpressungen hingeben, probieren und
fachkundig studieren was der bürgermeister
in seinem weinkeller lagert

bis der österreichische pöbel die möbel
und die flaschen durch den keller
schleudert, sich die hucke volllaufen
lässt ohne zu bezahlen

um schlussendlich mittels eines arschtrittes
vom bürgermeister persönlich aus den
kellerräumlichkeiten manövriert, katapultiert
und befördert zu werden...

14

Gott vs.
Satan

(wo sind) die grenzen [1]

wo beginnt etwas, wo endet etwas
das man leben, das man liebe oder landschaft
nennt, wo sind die grenzen dessen, was man
wahrnimmt, was man für wahr hält, was wahrhaftig
ist, in einer zeit, in der alles möglich zu sein
scheint, scheint alles möglich zu sein, scheinen
alle fehler wiederholbar und der himmel scheint
nicht nur noch blau zu sein, denn wo beginnt
die liebe und wo endet der respekt

die stadt und wer ist sie, wer bin ich
wenn ich neben ihr sitze, was will ich eigentlich
gehe den schwierigen weg, stürze über hindernisse
gehe mit gott, doch wo sind die grenzen, wenn
alles machbar ist, wenn alle grenzen aufgehoben
und selbst die grenzen keine grenzen sind, wenn
man unbemerkt vom einen in ein anderes land
sich schlendert, wo sind die grenzen geblieben
die grenzen, die dich vor fehlern bewahren

die berge und wer ist sie, wer bin ich
wenn ich auf die kraft vergesse die kraft, die
alle welt zusammenfügt, leben schenkt, freude und
dankbarkeit verbreitet, doch schwärze umgibt uns
manchmal, ohne warmes rotes glück, erinnere mich
an liebe, an die vergangenheit, an das, was einst
und heute noch das beste, doch wo beginnt heute
das, was man „glücklich“ nennt und wo endet
das, was man gewissen nennt

Aus meinem Zivi-Tagebuch: Weihnachten mit einem Zivildiener [2]

Wenn ein Zivildiener durch Wind- und Nebelstürme Essen auf Rädern zu alten, vergnüglichen alleinstehenden Leuten fährt, die an Türrahmen Haltungsturnen praktizieren, Kekse auf dem Küchenboden backen, Blinde Kuh hinter dem Christbaum spielen und mir vor lauter Alzheimer schon am Dienstag ein schönes Wochenende anwünschen...

...dann weiß jeder: Es dauert nicht mehr lange, dann ist Weihnachten.

Jaja, ich bin ja schon oft meine Runde gefahren, mit dem alten, silbernen Mazda, Baujahr 1970, was sag ich da, Zwischenkriegsmodell wäre angemessener. Wenn ich eben mit dieser alten Rostkiste meine Runden dreh, und nicht zufällig beim Rückwärtsfahren das Postfahrrad mit samt dem Postler und den drei Briefen, die er austrägt, verräum, ja dann fahr ich wie ein gestörter meine Runde, damit ich pünktlich um 11.00 Uhr bei einem gewissen Volkschuldirektor in Ruhe ankomme. Die Straßen von Frastanz werden zu meiner Rallyestrecke, jeden Tag fahre ich neue Rundenrekorde, die ich aber leider nur minutengenau auf der digitalen Autouhr ablesen kann. Gestern, zu Weihnachten, hab ich es sogar geschafft 10 Minuten nach 11.00 Uhr beim Volksschuldirektor in die Einfahrt zu brausen. Neuer Rekord. Der alte Mann war gar nicht böse auf mich, ja zu Weihnachten hat er sich das wohl verkniffen und hat willig seine Mittagspaket entgegengenommen. Die Kekse hat er mir gleich wieder geschenkt, weil die mochte er partout nicht. Ich wollte sie ihm noch in seinen verrunzelten Rachen reinschieben, ich stopfte und presste... aber irgendwie ging das dann doch nicht so einfach. Der alte Mann war ausgesprochen zäh und leistete gekonnt Widerstand. Trotz dieses Mordversuchs war er diesmal ausgesprochen friedlich. Als ich das letzte Mal 10 Minuten zu spät kam, ging er in die Abstellkammer, holte seinen langen Holzstab hervor und gab mir zur Strafe kräftig ein paar Hiebe auf die Tatzen. „Herr Zivildiener Furxer“, schrie er so gut er noch konnte, „dass Sie auch immer zu spät zum Unterricht erscheinen ist ja eine Frechheit. Zur Strafe essen sie jetzt mein Mittagessen auf, radiputz.“ Mir wurde übel. Naja, endlich hatte ich den Brei für Alte runtergewürgt und konnte verduften. Mit meinem Rallyeauto. Denn es galt, die anderen 85 Stationen meiner Reise anzusteuern. Bei Frau Frieda verweilte ich heute besonders lange, weil sie mir zum 28. Mal die Geschichte erzählte, wie sie, im verschlafensten aller verschlafenen Vorarlberger Käffer ihren Mann kennen gelernt hatte. Eine wahre Liebesgeschichte. Ohne Happyend, versteht sich. Sie pflegte ihren Mann Jahre lang. Gestorben ist er trotzdem irgendwann. Mir kamen vor Rührung die Tränen. Zum Glück hatte ich ein Taschentuch dabei, mit dem ich mir den Strom von Krokodilstränen unauffällig abwischen konnte. Nachdem der Titanic-Effekt abgeklungen war, steckte sie mir einen 5 Euro Schein zu, ich bedankte mich höflich und verließ ihre nach Speck riechende Wohnung.

Ja, jetzt endlich zur halbblinden Frau Unzenheim. Da ja heute Weihnachten war versprach ich mir besonders viel von diesem Besuch. Und wirklich. Sie frage mich, ob sie mir schon einmal 5 Euro gegeben hätte. Ich verneinte und sie kramte in ihrem Geldhaufen, der offen auf dem Tisch rumlag. Zu meinem Entsetzen erwischte sie aber wirklich den 5 Euro Schein, und nicht den großen 50er, der direkt daneben lag. Auch gut, noch ein bisschen warten und sie sieht den Unterschied nicht mehr. Ich habe Zeit als Zivildiener, noch neun Monate. Wieder im Auto stellte ich mit einiger Beunruhigung fest, dass ich meinen Rundenrekord von letzter Woche nicht unterbieten würde. Verdammt, ich hatte mich zu lange mit Frau Frieda und Frau Unzenheim abgegeben. Jetzt würde ich mit den leeren Essensboxen erst um 12.30 Uhr in der Sozialzentrumsküche eintrudeln. Aber zuerst galt es noch, den Berg nach Gampelü hinauf zu bezwingen. Mit meinem starken 45 PS Motor. Mosttrinken bei Frau Emma, wie jeden Tag. Das Lustige daran: Frau Emma hat irgendwie nicht mehr so das richtige Augenmaß. Sag ich: „Gerne hätte ich einen Most, aber nur halb voll“, so bringt sie mir ein Glas, das randvoll ist, grad das sie nichts verschüttet. Auch egal. Der Most ist ausgesprochen gut. Zum Glück ist Frau Emma die vorletzte in der Runde, denn Alkohol am Steuer, das wissen eh alle wohin das führt: DRINK AND DRIVE IS DEATH ! ! !

Wohl und Heil komme ich den Berg runter, überfahre noch ein paar vorweihnachtliche Rehböcke und Weideziegen bei meinem unabsichtlichen Ausflug ins Grüne und bestaune den allerletzten Christbaum bei Frau Tiefentaler. Dieser Christbaum ist ein richtiges Schmankerl, und gespickt mit Überraschungseffekten. Frau Tiefentaler nahm völlig unerwartet die Fernbedienung des Radios in die Hand, drückte darauf und der liebe Tannenbaum samt Krippe erleuchtete in hellem Glanze. Da ist mir an diesem Tag zum ersten Mal wirklich die Spucke weggeblieben. Mit dem hatte ich allerdings nicht gerechnet. Eine Fernbedienung für die Krippe und den

Christbaum. Ich sagte noch schnell Halleluja und dass ich morgen kein Essen vorbeibringen würde und machte mich aus dem Staub. Weihnachten für Zivildiener, ein wahres Freudenfest wurde mir, als Zivildiener im Namen des Herrn bereitet.

möchtegernkünstler [1]

marktweiber
massakrieren maßlos
mit monstermetaphern
mit mittelmäßigen mischungen
mit miserablen mixturen
mannigfaltigster monstrosität

mitesser
marginalisieren menschen, maunzen, meckern
motzen, mokieren, meiden miniaturen
meiden minimum
möchten maximum

müßiggänger
manövrieren, manipulieren
mit multiplen melangen
mit mörderischer munition
mit missratenen methoden, meinungen
mogeln mit morscher machart
mit mafiosen machenschaften
meiden marathons

mustermänner
malträtieren massivst

missmutige migräneopfer
manikürte manager
magische madonnen
marokkanische mütter
magersüchtige mammutbäume
manische makkaronifresser

monomanen
messen modalitäten, möglichkeiten
momente, monologisieren megalomanisch
minderbegabt madig machend, mechanische melodien
missbilligen maulend malheure, missgeschicke,
mankos, mängel, missgönnen manchem

mädchenmagneten
meiden maulfaule mickrige mäuschen
mit minderen merkmalen
menschlich missfallend

misanthropen
mustern marode matt
misshandeln makaber
mittelständische menschen
minderbemittelte makaken
missbrauchte migranten
mauern meistens

marzipan-matrosen
mausen militante miezenmösen massenweise
masturbieren markdurchdringend manuell
missachten moralvorstellungen

mobster
marschieren markig

marionettenhaft
modern, modisch
manegewärts, moderieren
mikrophonisch maschinell
minderwertigkeitskomplexe
melden majestätisch
mimosen

machtmenschen
möchten mitmischen
mit miesen mitteln
mit mittelmäßigem mischmasch
mit muschigeschichten
mit massenware, mit mainstream-mist

mitnascher
murmeln mitnichten, müssen mitschreien
müssen mitmachen
müssen mitreden, mitbrüllen
mimen mutige muskelmänner
misstrauen menschen

maskenträger
merkbar maskiert
mit mehrfach
make-up, maske, mantel
meistern motiviert
merklich melancholie

musensöhnchen
mentale menschenfresser
meiden messages
malochen mitnichten
mauscheln

merkantilisch monetär
melken mitmenschen
mischen mit, möchten mammon
massenhaft, möchten mit minimalstem
mehraufwand massig mitschneiden

metzgermeister
möchten mehr mehr mehr

This is hardcore [2]

Was willst du aus meinen Traum-Gummibären herausbekommen?
Auf der Lindenstraße der Liebe Klavier spielen? Dass ich immer noch gerne Zigarren rauche, immer noch PULP höre, obwohl nicht mehr so „in", dass weißt du ja... immer noch in dich verliebt bin, vielleicht.
Kussherzen verstellen mir den Weg zu dir.
Und nur ein netter Blick, der mich heute aber auch nicht mehr rettet- macht mein Leben
Hardcore.
Mittlere Verzweiflung befällt mein Herz, vor lauter halbfertigen Dingen auf und in meiner Welt. Und das Glasspiel ist von Bestand, bin im Café Glasspiel und bin grottenschlecht, obwohl es doch mein Heimspiel ist. Pyrotechnisch gesehen ist mein Herz ja schon lang niedergefackelt beim letzten Feuerwerk im Schneefreien. Hab trotzdem nicht lange gefackelt und hab deine Hand genommen, mein Liebesgebet mit dir gebetet, Hände gefaltet.
Einen Rosenkranz mit gebrochenem Kopf in die Vase gestellt und mich nicht mehr länger vor meiner Kuschel-

rock CD versteckt. Hab gestern im Star-Café ein gefallenes Sternchen getroffen und bin sofort verfallen in geheucheltes Liebesspiel zu ihr. „Your are hardcore“, hab ich ihr gesagt. Sie hat mich nur angelächelt. Und ich habe ihren Namen schon längst wieder vergessen, so bedeutungslos groß war der gestrige Abend bei meiner Feuertaufe.

Später am Abend hab ich dann noch ein deutsches Mädchen angemacht, das mich aber gleich wieder aus dem Programm gezappt hat, weil sie bemerkte, dass bei mir gerade Werbung läuft.

Und dann bin ich kindisch umhergestanden, habe weise durch die Runde geblickt, mich verguckt in dich und dich und dich. Den Zufallstreffer hab ich dabei aber nicht einkassiert, abgezockt oder eingesteckt.

Stattdessen alles in den Mund gesteckt, alles.

Mein Patchwork-Leben konsequent zu Ende gelebt, ein letztes Kapitel muss noch geschrieben werden, dann ist mein Jahrhundertroman endlich geschrieben. Ich glaub ich hab im Atomic Café zu viele Atombusen gesehen, als ich mit [...] - getanzt hab, vor silbernem Klim-Bim und verstohlen mein Sektglas beobachtet hab, ob es wohl niemand austrinkt. Meine größte Angst: Dass mir jemand das Sektglas austrinkt, hinter meinem Rücken.

Kugelblitze abgefeuert. Heute, mein erster Tag, nach dem Frühstück.

Ich habe eine neue Homepage gegründet: www.anfang.com. Anfang.at war schon besetzt. Von einem österreichischen Fußballspieler. In mein Internet-Tagebuch schreibe ich jetzt jeden Tag die leichtsinnigsten Lebensweisheiten für die nächsten 30 Jahre, das hab ich mir zumindest vorgenommen.

This is hardcore werde ich nicht müde zu betonen,

während ich den Leuten zuschaue, die mein Leben mit einer Mischmaschine – mehrspuriger Track – vor meiner Haustür einbetonieren.
Subversive Charaktere waren mir schon immer suspekt, schreibe hier eine Betriebsanleitung, damit ihr mich besser bedienen könnt, damit ich dann bedient bin, wenn die Party vorbei ist.
Ich kauf mir am Kiosk ein Programmschema für den ganzen Tag, die Wahl hat nur einer und wer wählt mich zum besten Radioprogramm des Jahres?
Wer beschützt mich vor dem, was ich will?
Track two: Ladies man oder den „end of line remix" am Schluss. Zur Be(blau)siegelung meines Schicksals. Kinderfrosch im Herz, im Hals, wer befreit mich aus meinem Froschdasein am Schwanensee? „The revolver" von den Beatles in der Hand.
„In her eyes the smile of nothing".

ein priester [1]

fahre 190 kilometer pro stunde bei ulm und nicht
viel später einhändig, auf dem weg nach hause
deine hand haltend, um uns dann in deinem
zuhause zu lieben, um danach alleine, in meinem
zuhause rivaner zu trinken, eine cohiba zu paffen

und an den tag der arbeit zu denken, als wir
lauschten den walfischklängen, an der mosel bei
schengen, doch unser abkommen schon lange
getroffen hatten, ein abkommen sich zu lieben
bei tag und bei nacht, an uns zu glauben, an das
bisher erreichte, an das gute kommende, an die

große kraft, an all das schöne, das durch uns erst
entsteht, vor 13 stunden im norden von gisèle
jimmy, nora und lilly uns verabschieden und mit
wehmut auch an die vergangene zeit denken
auch mit stolz und liebe zu einem leben, mit
freude und zuversicht in die zukunft blicken
denn niemals waren meine chancen größer
als jetzt, habe die beste frau der welt an meiner
seite, habe einen hohen berg bestiegen
überwunden und hinter mir gelassen, werde
fortan neuland entdecken, betreten um großes
zu erreichen, atme heute rauch und trinke
messwein, wie ein priester, um zu danken für

das vergangene und zu bitten für die zukunft
um zu danken für dieses jahr und für ein leben
um zu danken für ein zuhause, obwohl du
sagst, dass du dich nirgendwo "doheem" fühlst
auch nicht dort, wo du geboren wurdest

Zivi Amour [2]

In der Pfarre Frastanz sind wir zu acht

Aber ich bin der einzige
Der sich an alte Damen rann macht

15

Rilke &
Brahms

Rilke & Brahms

brahms [1]

mitten nachts schneit es draußen wie drinnen ideen
in meinen kopf, auf dem weg durch die welt der
politik, die welt der theoriengebilde, während
brahms, weber und liszt sanftheit über alle hektik
legen, während schneeflocken den vorzeitigen
frühling wieder verabschieden, während die schwärze
den morgen und der schlaf den vormittag verhüllt
auf dem weg über den ozean der gedanken, der
welt von ebbe und flut, mitten meer schürfen
gezeiten draußen wie drinnen an meinen ufern

RILKE, ICU MOVE... [2]

Love of my life, you've hurt me NOT-
Betrete dich durch die Körperwelt von Niki de Saint
Phalle. Sehe aufgeblasenen runde Nikis im Bahnhof
von Zürich schweben,
Im Brunnen vor Centre Pompidou seh ich sie
leben.
Such den Tigerlöwen London von Kokoschka! Geh
ins Jahr nineteen twenty-six! Such dein Glück,
wenn du es finden kannst! Meinst oft es ist so
leicht dein Glück? Vor den eignen Füßen aufzuhe-
ben.
Ich sag nur: Das Karussell...
... und dann und wann ein roter Elefant.

Travel Travis, wandere voraus, Wanderer der Berge.
Umgib mich mit deiner Magie! Zeig mir deine Welt,
sie ist größer als du Denkst.

Der Panther setzt an zum Sprung, zeigt dir seine
Krallen. Fauch zurück, wenn dein Atem reicht.
Reich mir die Hand, ich bring Dich ins Wunderland.
Ja die Illusion, führt zu deiner ganz persönlichen
Kollision.

Love of my life you're NOT...
Queen and Mercury, you are hot.
Heiß die Liebe, Herzen hab ich verspielt in
"The Game". The Game of love is not my aim.
Versuch mich zu suchen, schwimm durch mein
Meer,
Wenn du mich findest bin ich DER
Wir haben Rilke für 2 Stunden gebucht, in
ein Hotelzimmer eingesperrt, zu klein,
Gebannt auf einen Minichip von INTEL,
Megaspeicher, fein.

Carma police. Ich hab dich erfunden. Verzähl mir
deine Wunden! Erklär mir Zeit! Gemeinsam erleben
wir den Fortschritt der Sekunden.

Kingforaday, ich bin mir sicher, das Glück ist
mir hold,
BUT: Wer ist dein Richter?
Steig die Löwengrube herauf! Gib deinem Zweifel
eine Chance! Verbrenn dir deine Selbstsicherheit,
geh geistig in Konkurs!
Ich hab den Hügel überschritten, reite auf Shiva
nach Haus.
Gibt es einen Anfang ohne Mitte, komm ich
morgen ohne dich aus?
Dein Ich ist größer als du denkst. An einem Tag
im Feld, zeig mir deine Welt!

potenzialanalyse [1]

ich bin nicht groß
ich bin nicht klein
ich bin ein durchschnittsschwein

Mon Chéri [1]

„Jå, do spricht dr Erwin aus Obrmoas und i griaß den Jogi, den Zemmi, den Jörg, die Ibi, den Abi, den Seppi, die Gabi, den Heinzi, den Franzi, die Ubi, den Remo, den Hubi, die Emu, die Siebi, den Sebi, den Reini, den Gebi, den Heini, die Onzi, den Siegi, die Hanni, die Guggi, den Tommi, die Sonni, die Sanny, den Ingo, den Ivan, den Opa affn Divan und... ålle, de mi kennen", sagte der Anrufer am anderen Ende der Leitung und legte auf. Wenig später dudelte Sepp Messner Windschnurs Welthit „I bin di Waschmaschin' von der Frau Luciane" über den Äther, welchen der Anrufer ausdrücklich gewünscht hatte.

Wieder war also Freitagabend und gerade hatte die bei Alt und Jung so beliebte Wunschsendung „Winschdawos" auf dem Radiosender „Südtirol Amore Mio" begonnen. Anrufer um Anrufer wurde durchgestellt, um Grüße und Wünsche loszuwerden. Souverän moderiert vom schlagfertigen Nachwuchsmoderator Giuseppe Mutschlechner hatte diese Sendung bereits wenige Wochen nach ihrer ersten Ausstrahlung Kultstatus erlangt und das nicht nur unter Südtirols Jugendlichen. Hier konnte man den Schnabel aufreißen und sagen was man wollte, konnte Freunde und Kollegen grüßen und die besten Hits, die gerade „en vogue“, also „up-to-date“ waren, beim charmanten Giuseppe „ordinieren“.

Auch an diesem Abend kam der knapp 98-jährige immer noch Nachwuchsmoderator Mutschlechner kaum nach, Anrufer um Anrufer auf Sendung zu schalten. Das Telefon klingelte und klingelte, Musikwünsche und Liebeserklärungen wurden durchgegeben und wieder sollte es eine erfolgreiche Sendung werden...

...bis da plötzlich nach knapp einer halben Stunde, also zirka zur Hälfte der Sendung, scheinbar niemand mehr anrufen wollte. Die Anrufe blieben aus. Giuseppe Mutschlechner versuchte seine Hörer und Hörerinnen zu animieren, indem er „Kein Schwein ruft mich an“ und „Telefon Terror Tony“ spielte, was nichts half. So spielte er „I Just Called To Say I Love You“, was noch weniger half, es wollte und wollte niemand anrufen.

„Warum ruft denn niemand an, was ist denn passiert?“, dachte sich Giuseppe, knackte mit seinen Vorderzähnen die Seitenwand eines Mon Chéri, schlürfte den köstlichen Likör, zerknabberte genussvoll die Piemontkirsche und dann den Rest der Schokohülle. Als da plötzlich wieder das Telefon schepperte und Giuseppe veranlasste, mit dem Anrufer sofort, ohne wie sonst immer üblich ein Vorgespräch zu führen, „on air“ zu gehen, da er schon ganz ungeduldig war:

„Ja, liebe Hörerinnen und Hörer, nach dieser musikalischen Pause haben wir nun wieder einen Anrufer in der Leitung. Hallo mit wem spreche ich?“.

„Jå, hallo, bin i schunn drånn?“.

„Klar, schieß los, du bist live auf Sendung...“.

„Jå, hallo, kånn i schunn redn...?“.

„Das hoff ich doch! Was können wir für dich tun?“.

„Jå, hallo, do spricht do Günne Niedomoar fann Puschtotål und i leit un, weil ba ins isch grod do in Bruneck in Wåld obm an Ufo gilåndn...! Des håt an mords Tuscha, an Tschinndra gitun und des håt volle Wäsch ingschlogn ba ins, do wors volle helle, volle brutal und die Oahrwaschtl hom lamma no gsung und ålls håt gstråhlt...lamma zach!“.

„Ja, das ist ganz interessant, lieber Günne, so heißt du doch, oder?“.

„Jå, Günne hoaß i, se war guit...“.

„...lieber Günne, dir ist schon klar, dass du da in der Musik- und Glückwunschsendung ‚Winschdawos' bist und nicht bei so einer Jux-Geschichte?“.

„Jå, sichå! I hon giwellt..., i will jå la gånz schnell in ålla sogn, dass do ba ins in Bruneck an Ufo gilåndn isch! Weil jå iatz ålla do ba ins des grod unschaugn. Die Passantn und a schunn fa Boazn sein Leit do, obbo in Fernseha und a in Radio sog jo niåmand eppas, deswegen hån i giwellt dess via Ätna durchsogn, deswegn hån i a ba enk ungileitn...!“.

„Danke, lieber Günne...“, sagte Giuseppe Mutschlechner und warf den merkwürdigen Anrufer aus der Leitung. Für ihn war dieser Typ krank im Kopf, besoffen oder halt eben verwirrt, bekifft oder so, auf jeden Fall spielte Mutschlechner erst mal ein Lied zur Abkühlung dieses Hitzkopfes.

„Daddy Cool“ wabberte über die Frequenz von „Südtirol Amore Mio“ und der rührige Nachwuchsmoderator rührte genervt in seinem Caffè Cubano. Dann spielte er „Ich schau Dich an“ von der Spider Murphy Gang und im Anschluss gut ein Dutzend weiterer Superhits aus seinem Plattenkoffer, jedoch ohne jegliche Unterbrechung durch Anrufer und Anruferinnen.

Dem Ende der Sendung gegen 21 Uhr folgte tags darauf auch das Ende der Karriere Giuseppe Mutschlechners, welcher entlassen wurde, da er live auf Sendung den Anrufer Günne Niedomoar rausgeschmissen hatte. Mutschlechner hatte den kleinen Sender „Südtirol Amore Mio“ um eine Sensationsmeldung und somit um nicht überbietbare öffentliche Aufmerksamkeit gebracht, da tatsächlich in der kleinen, rund 15.000 Einwohner zählenden Stadtgemeinde Bruneck ein unglaubliches Höllengefährt gelandet war.

Dieses Ufo sollte auch Jahre später noch unzählige Wissenschafter zwecks Untersuchung der fliegenden Untertasse und Massen von Touristen in das kleine Städtchen auf einer Seehöhe von 835m, umrahmt von den Dreitausendern der Zillertaler Alpen auf der einen Seite und den einzigartigen Felsformationen der Dolomiten auf der anderen Seite – Bruneck, der Perle des Pustertales, dem Herz der Alpen – locken.

Nach gut 59 Jahren jedoch wusste die Stadtgemeinde Bruneck nicht mehr, was sie mit dem verdammten, rostigen Ufo-Wrack nahe dem Wald am Kühbergl anfangen sollte... Sofort wurde eine 148-köpfige Expertenkommission, die leider nur aus Biologen bestand, eingesetzt, um dem nutzlos gewordenen Objekt wieder einen neuen Sinn zu geben. Arbeitsgruppen tagten, Konzepte wurden verfasst, Pläne geschmiedet.

Die am Ende eines 13-minütigen Denk- und Entwicklungsprozesses präsentierten Ideen waren allerdings sehr mager und umfassten lediglich eine Nutzung als Murmeltierfettabsaugezentrum, als Drogentherapieeinrichtung für suchtkranke Igel oder als Aufzuchtstation für unbegleitete, minderjährige, flügellahme Flugenten.

Die Gemeindeführung konnte und wollte diese spärlichen und zu einschlägigen Vorschläge nicht umsetzen. Also wurde das Projekt wieder auf Eis gelegt. Jahrzehnte vergingen. Bis da eine findige Köpfin, in Form der amtierenden Jugendbürgermeisterin, auf die Idee kam, das geheimnisvolle Ding aus dem Weltall als Veranstaltungs-, als Kultur- und sogar als Jugendzentrum zu nutzen. Die Bevölkerung und die Stadtgemeinderäte waren begeistert und so fungiert jene extraterrestrische Schrottkiste seither als weit und breit sichtbares Mahnmal. Wofür auch immer.

16

Poesie vs. Melancholie

Poesie vs. Melancholie

melancholie im dezember [1]

und wirklich gut war der dezember ganz selten vollkommen erfüllt von glück und ungetrübt von schwärze, von negativen einflüssen und auch heute ist es wieder so, mein kopf schmerzt, mein magen auch, ich bin müde und ausgebrannt, falle immer wieder auf den boden, raffe mich auf, versuche mich weiterzuschleppen, doch bräuchte eigentlich für eine kürzere, längere zeit nichts anderes und vor allem nur ruhe, ruhephasen, um meinen geist und meinen körper gesunden zu lassen, um die melancholie wieder durch ein feuerwerk des glücks zu ersetzen im sinne des großen plans

Vanille [2]

Samt verliert sich
Zwischen den sieben Hügeln
Roms
-Vanille auf deinen Füßen-
die Radierungen meiner
Seele
Zeichnen sich langsam
In deine Haut ein
Monumental einfach
Steht Buckingham vor
Uns
Lilien blühen in deiner
Hand
Zu Blütenstaub
Gewächs oder gewachsen
Let it be, only be

zahl 12 [1]

mittwochs im winter, 27. dezember, stehe in einem waschsalon und lese meine worte in richtung eines publikums, illusorisch zu glauben eine neue liebe würde sich dort unter den zuhörerinnen, beobachterinnen befinden, dennoch wäre es schön ein augenpaar der liebe zu entdecken, das mich in gedanken umarmen und mich körperlich verschlingen möge, leider sind träume nur zum träumen da, die wirklichkeit sieht anders aus, denn wieder werde ich keine bewunderung, keine beachtung und keine resonanz erfahren, auf meine worte, die ich schrieb, um sie zu sprechen, werde weder liebe noch lob ernten können und trotzdem hoffe ich darauf, denn ich bin hungrig nach liebe, nach alltäglichem glücklichsein, vielleicht lerne ich also heute doch wieder eine große liebe kennen, an einem mittwoch, dem 27. tag des dezembers, 27. zwölfter in einem waschsalon, 27 jahre alt sein im dezember vorübergehend kein stürmer mehr sein mit der zahl 12 am rücken, einstweilen nur mehr ein liebeshungriger dichter mit der zahl 73 auf der brust und mit einem hoffentlich mir wohlgesonnenen auditorium vor der nase

aprilschneegestöber [1]

die entscheidende schlacht sei noch nicht geschlagen, sagt die dame im radio und eigentlich sei schon seit zwanzigen tagen frühling, sommerzeit und blumensprießzeit

dennoch tragen die straßen schneedecken
dichtes aprilschneegestöber verhüllt die
stadt kalt und weiß um zehn uhr an
einem wintermontagmorgen, bald wirst du
den ganzen unsinn endlich vergessen
können, denn nur noch dreißig minuten
fehlen, bis du ins ziel einlaufen kannst, bis
du den schlussspurt hinter dich bringst, bis
du dir einen wunschtraum erfüllst und stolz
sein kannst auf dich, auf dein wissen, auf
deine wissenschaftliche qualifikation, sagt
der fertige akademiker, sagt jener
universitätsabgänger, den du so liebst

weg (kraft, gutes) [1]

den weg gehen, die farben des lebens atmen
in den himmel blicken und danken
der kraft vertrauen, sie nicht vergessen
gutes tun, nehmen und geben, lernen
aus fehlern lernen, erfahren, fortfahren
den weg gehen, die farben des lebens atmen

Legende:

1...Text von Thomas Schafferer
2...Text von Daniel Furxer

Die beiden Autoren

Daniel Furxer,

geboren am 11.10.1977 in Feldkirch, Studium Politikwissenschaft und Germanistik, Literat, Journalist und Mitarbeiter des Tiroler Literaturmagazins Cognac & Biskotten. Veröffentlichungen vor allem in Co&Bi und im Yeti-Kalender. Mitglied der literarischen Kabarettgruppe Die Schreibmaschinen (3 Europa-Lesetourneen). Lebt und arbeitet derzeit in Innsbruck.

Thomas Schafferer,

geboren 07.12.1973 in Innsbruck, Kulturmanager, Autor und Reise-Schriftsteller, Maler, Multimedia- und Konzeptkünstler, Verleger, Kreativkopf des polymorphen Tiroler Literaturmagazins Cognac & Biskotten - www.cobi.at, Mitglied der IG-AutorInnen, der GAV und der literarischen Kabarettgruppe Die Schreibmaschinen (3 Europa-Lesetourneen). Zahlreiche verschiedenartigste Publikationen (Einzelveröffentlichungen, Anthologien, Literaturzeitschriften usw.), Lesungen, Auftritte und Ausstellungen im In- und Ausland. Studium Politikwissenschaft/Journalismus. Lebt in Innsbruck und Pfons/Wipptal. www.schafferer.net

Am Foto von links: Thomas Schafferer, Hermes Phettberg, Daniel Furxer.

Dieses Buch ist zur gemeinsamen Tirol-Tour
mit Hermes Phettberg vom 19. bis 22.12. 2003
(Lienz, Fieberbrunn, Landeck, Sterzing)
erschienen.

Ein Produkt von Cognac & Biskotten und
Kulturrebellen Productions.

Dieses Buch-Projekt
wurde gefördert von: STADT INNSBRUCK tirol bm:uk